教育部人文社会科学重点研究基地四川大学南亚研究所
教育部国别和区域研究培育基地四川大学南亚研究所

《政事论》国际政治思想研究

曾祥裕 魏楚雄◎著

ARTHASHASTRA:
Conceptualizing Its Thought on International Politics

时 事 出 版 社
北京

目录

前　言

当代印度正迅速崛起，大国实力逐步显现，在国际舞台上的作用进一步凸显，其内外政策也引起越来越多的关注。在观察印度的时候，越来越多的研究人员开始关注其传统文化及古典政治思想，视之为理解当代印度内外政策的有效视角。印度这一文明古国在这一领域留下了极为丰富的文献，其中的《政事论》（*Arthashastra*）一书因对国际关系的独到看法、与现实主义国际关系理论的暗合之处以及独特的坦白直率而受到极大关注。本书集中研究《政事论》所蕴含的国际政治思想，探析其与当代国际关系理论（特别是现实主义理论）的异同，尝试以此来透视印度历史与现实中的国际政治行为。

《政事论》体现了丰富的治国理政学说、国际政治思想和人生哲学，得到印度国内外学者的高度重视，已有若干英译本和其他西方语言译本，积累了一批从历史学、政治学、国际关系学乃至军事学等不同领域入手的研究成果。西方和印度均有学者将该书与西方国际关系理论进行对照，比较一致的看法是，《政事论》的主张相当接近国际关系理论的现实主义学派，甚至有研究将该书作者称为全世界国际关系理论领域第一个政治现实主义者。

中国学界直接运用《政事论》从事印度古代史研究开始得较早且颇有建树。这些研究普遍认为,《政事论》反映了印度在向大帝国体制转型的巨变中所面临的复杂社会经济状况和严酷的统治阶层斗争,而对官僚制、税收制、密探制度的描写则反映了当时印度统治阶层的迫切需求,具有重要的文献价值(详见第一章第四部分)。

与上述直接运用《政事论》所进行的古代史研究形成对照的是,中文学界对《政事论》本身的研究仍处于起步阶段,对《政事论》中的国际政治思想认识较为含糊,主要是一些零星的介绍或评析,实质性的研究和比较开展得不多。具体而言,《政事论》的中译全本至今仍付之阙如,而西方各种语言如英语、法语、西班牙语、德语、俄语的译本早已出版,英文更是有好几个译本,足兹对照之用。[①] 公开途径可查到,北京大学胡光利曾译有《政事论》的节译本(梵译汉),但现在在各大图书馆和新旧图书交易平台均无法找到此书,其是否已公开出版尚不清楚。更重要的是,中文世界至今仍无对该书的研究专著面世,甚至专题研究论文也非常少。公开发表的中文文章目前能看到的仅有四篇,包括资料性的综述一篇,论文三篇。其中,仅“《政事论》与印度外交战略的古典根源”一文对《政事论》的国际政治思想进行了较深入的探讨。另有一些工具书有较简短的

① 比较常见的英译本有 R. Shamasastry (translated), *Kautilya's Arthasastra*, Bottom of the Hill Publishing 2010 (1915 translation). R. P. Kangle (translated), *The KauṭilīyaArthaśāstra* (3 Vols.), Motilal Banarsidass Publishers, 8th Reprint: Delhi, 2014 (Second Edition, Bombay University, 1969). L. N. Rangarajan (translated), *The Arthashastra*, Penguin Books, 1992 (reprinted in January 1, 2000). McClish and Patrick Olivelle (translated and edited), *The Arthasastra: Selections from the Classic Indian Work on Statecraft*, Hackett Publishing Company, September 15, 2012. 较早的德文译本有 Johan Jakob Meyers, *Ueber das Wesen der altindischen Rechtsschriften und ihr Verhaltnis zu einnander und zu Kautilya*, Buch vom Welt-und Staatslenben, Leipzig, Harrassowitz, 1927。

提要。

值得注意的是，近年来已有越来越多的研究开始关注《政事论》，在文本翻译上已接近取得突破。北京大学朱成明2016年的博士学位论文“《利论》译疏”是参照多个梵语本与英译本之后的《政事论》中译详注本，公开出版后很可能成为国内首个完整的《政事论》译本。山东大学张淑兰及其团队近年来积极关注《政事论》，正组织队伍翻译该书。[①] 一批硕博士研究生也开始尝试围绕《政事论》开展研究。中共中央党校王燕2017年的硕士学位论文“《政事论》国际政治思想解读”直接切入《政事论》的国际政治思想，“印度战略文化的现实主义取向研究”（外交学院周慧2016年博士学位论文）、“印度战略文化研究”（四川大学南亚研究所高刚2017年硕士学位论文）和“印度人民党对印度传统战略文化的继承与延续”（山东大学刘洋2018年硕士学位论文）等也对《政事论》有一定关注。

上述趋势表明，中文学界对《政事论》及其国际政治思想的研究正走出沉寂，逐步启动。在上述背景下，本书试图较深入地探讨《政事论》中的国际政治与战略思想，力图实现如下三个目标。其一是透视印度战略文化与外交行为的相互关系，更好地认识印度这一崛起中的亚洲大国。近年来，印度政学精英越来越关注印度的本土思想资源，《政事论》等所体现的古典战略文化对印度外交的影响日渐凸显。如印度时任外交部长亚什万特·辛哈（Yashwant Sinha）公开称赞憍底利耶（《政事论》作者）可能是古印度最伟大的战略思想家。国家安全顾问希夫尚卡尔·梅农（Shivshankar Menon）在任期

① 根据笔者2018年12月4日在成都召开的“2018—2019年南亚形势研讨会”期间与张淑兰教授交流的内容。

间多次公开讨论《政事论》的当代价值。① 前外交秘书（外交系统最高文官）萨仁山（Shyam Saran）的《印度如何看待世界：从侨底利耶到21世纪》（*How India Sees the World*：*From Kautilya to 21*st *Century*，Juggernaut Books，2017）一书以《政事论》及其他古代文献的外交思想为框架，观察思考印度在当代世界的角色。他将《政事论》称为印度最重要的治国理政专论，赞赏其为国家间关系的具体执行制定了灵活而能动的理论框架，强调《政事论》作为管理多极多国体系的方法，至今仍然颇有启发。② 他强烈呼吁印度根据侨底利耶所列举的各种要素来增强其综合国力，特别是领导力、良治、强大的经济与强大的军事实力，同时要牢记侨底利耶审慎行事的忠告，巩固自身实力的时候也要避免激起与另一强国的冲突。③ 全书第一部分讨论印度外交的传统与历史，第二部分探讨周边邻国，第三部分探讨世界局势。仅从这一结构也可以看出与《政事论》"曼荼罗"国际观类似的结构。印方高官的评价和做法本身已说明《政事论》对于认识当代印度外交的重要价值。

其二是从不同的角度全面审视（包括批判）国际关系理论，从而在解答关于战争、和平、发展、多元文化等人类共同面临的难题时，提供更全面的思想资源。当代国际关系理论仍主要建立在西方

---

① Yashwant Sinha，"Future Directions of India's Foreign Policy，" *Outlook*，October 31，2002. P. K. Gautam，*One Hundred Years of Kautilya's Arthasastra*，Institute for Defence Studies and Analyses，July 2013，p. 21. IANS，"Chanakya's Arthashastra Relevant to Understand Strategic Culture：Shivshankar Menon，" *India Today*，October 9，2013，https：//www. indiatoday. in/india/north/story/chanakya-arthashastra-relevant-to-understand-strategic-culture-shivshankar-menon-213738－2013－10－09.

② Shyam Saran，*How India Sees the World*：*From Kautilya to 21*st *Century*，Juggernaut Books，2017，pp. 12，14.

③ Shyam Saran，*How India Sees the World*：*From Kautilya to 21*st *Century*，Juggernaut Books，2017，p. 148.

理论的基础之上，主要基于近500年来的西方实践，往往被视为“客观”“可信”的“科学”理论。世界大战和冷战的惨痛经历，以及当代人类发展面临的各种问题，都促使人们对此进行反思并探讨新的范式。在这一领域，研究人员围绕《政事论》等印度古典文献的国际政治思想已进行初步探索。如果将这种探索加以批判性引介，并将其与同为文明古国的中国的古典国际政治思想进行比较对照，那么探索国际关系理论新路径的进程就很有希望大大加速，从而为国际社会提供一种或多种新的思索，以更好地维护世界和平与稳定。实际上，东西方一些教育机构已注意到《政事论》在国际政治领域的独特思想资源，开始筹备《政事论》相关课程，如新西兰参谋学院现已开始教授《政事论》课程，缅甸曼德勒大学国际关系系也计划将《政事论》研究纳入其课程体系。①

其三是更全面、更充分地利用《政事论》这一古典文献，在传统的古代经济史与社会史之外，进一步发掘其在政治思想史与战略文化上的价值。中国学界很早就运用《政事论》研究印度古代史，但对于《政事论》中的外交策略、战略文化、战争与和平等思想，学界的认识仍较为含糊，讨论不多。本书致力于“已有材料的创新应用”，希望有助于推动国内对《政事论》文献价值的更全面利用。

这里谨就本书撰写中的一些技术问题做三点说明。第一，*Arthashastra* 在汉语中主要有“政事论”和“利论”两种译法，前者在世界史界较为流行，后者在文献研究者中使用较多，其中的差异主要在于 Artha 的译法。Artha 可直译为“利”，主要指世俗的财货之利及由此引申的治国之策，后者正是该书的主要讨论内容。由是

① P. K. Gautam, *Kautilya's Arthashastra Contemporary Issues and Comparison*, Institute for Defence Studies and Analyses, October 2015, pp. 7 – 8.

观之，上述两个译名确实各有千秋：侧重字意和印度独特的历史与思想背景，可译为“利论”；要帮助普通读者迅速而准确地理解全书内容，则译为“政事论”更方便。为了直观地表明该书的实质内容，同时与已有的世界史和国际政治文献保持一致，本书正文一律采用《政事论》一名。

第二，《政事论》原文系梵文，但笔者主要从事南亚安全外交和现当代世界史研究，无力阅读梵语文献，故不得不退而求其次，主要借助三个中英译本来从事研究。本书参考的英译本有两个，分别是 1915 年译本和 1963 年译本（1972 年第二版）。1915 年译本是该书首个英译本，由梵语文献专家沙玛沙斯特里（R. Shamasastry）博士翻译，1915 年初版，2010 年重印。1963 年译本由孟买埃尔芬斯顿学院梵语教授康格尔（R. P. Kangle）翻译整理，后与另两本相关著作合为三卷出版，第一卷是《政事论》梵语原文，第二卷是英译，第三卷是注释与探讨。北京大学朱成明的博士学位论文“《利论》译疏”是国内首个中文全译本，参考了多个梵文本和英译本，2016 年完成，对本书撰写有很大帮助。为了节省篇幅，本书引用《政事论》文句时，首次做注时对以上各版本均使用全名，再次出现且不至于引起误解处则以“op. cit”“前引资料”等表示。

1915 年英译本虽有开创之功，但错漏之处也不少；1963 年译本是迄今最受好评、流传较广的英译本；朱成明 2016 年中译本参考多个梵文本但以广受好评的康格尔 1960 年梵文本为底稿，参照了中国素有传统的佛经翻译风格，文辞较为古雅。考虑到本研究主要从国际政治的视角来探析《政事论》，需要兼顾国际政治的习用表述，故本书对《政事论》的理解和引用以 1963 年译本和朱成明译本为基础，参考 1915 年译本，同时根据笔者理解斟酌处理，部分术语的翻译选择比较复杂，请参见随文说明。

第三，笔者并非梵语专家，不熟悉梵文拉丁化的转写规范。参照大多数非梵语专业相关研究的普遍做法，本书的梵文转写均采用较常见的英文形式，不标注专用的变音符号（引用文献出处本来就包含者除外）。举例而言，本书使用 Arthashastra 而不用Arthaśāstra；使用 Kautilya 而不用Kauṭilya；使用 Chanakya 而不用 Cāṇakya；使用 prakrti 而不用 prakṛti；使用 saptanga 而不用 saptānga；使用 upaya 而不用 upāya；使用 sadgunya 而不用 ṣāḍguṇya；使用 mandala 而不用 maṇḍala；使用 vijigishu 而不用vijigīṣu；使用 Bhagavad Gita 而不用 Bhagavad Gītā。一些词汇有不止一种拼写方式，如 Arthashastra 也有 Arthasastra，Artha-sastra 或 Artha-shastra 等拼写；Kautilya 有拼写为 Kautalya 者；Chandragupta 也可写作 Chandra Gupta；但本书只使用最常见的拼写。这种做法从文献学或语言学的角度来看应该说是欠妥的，但对其他专业的读者和研究人员包括笔者来说，应该说是一种不得已而为之的妥协，敬请读者谅解。

第一章　憍底利耶及其《政事论》

当代印度正迅速崛起，大国实力逐步显现，在国际舞台上的作用进一步凸显，其内外政策受到的关注与日俱增。越来越多的学者开始关注印度传统文化特别是古典国际政治思想，视之为理解当代印度外交政策的有益视角。印度在政治与外交领域积累了丰富的古典文献，其中的佼佼者《政事论》便因对国际关系的独到看法及思考的深度与广度而受到极大关注。

一、基本情况

《政事论》是一部奇书，但对于其成书、流传、作者、影响等诸多重大问题，学界迄今仍无普遍接受的最终结论。

（一）成书与流传

一般认为《政事论》一书诞生于印度第一个统一王朝即孔雀王

朝诞生之初的公元前4世纪末，距今有2000多年。[①] 作者在书中自称憍底利耶（Kautilya，中文文献也写作音近字异的“乔底利耶”或“考底利耶”甚至“康提尔亚”）和毗湿奴古普塔（Vishnugupta），但各界普遍认为此人即在孔雀王朝创建过程中发挥重要作用的历史人物阇那迦（Chanakya）。[②] 据考证，憍底利耶出生于南亚次大陆南方的婆罗门家庭，一说生于次大陆西北部的塔克西拉（Taxila，古译呾叉始罗，今巴基斯坦首都伊斯兰堡附近），活跃于公元前300年前后，在塔克西拉受教育，具有医学和天文学知识。一般认为其熟悉琐罗亚斯德教徒（拜火教徒）引入印度的希腊波斯学问，有人进一步认为憍底利耶是琐罗亚斯德教徒或受到其强烈影响。一般认为憍底利耶本为恒河中游大国摩揭陀国（Magadha）难陀王朝大臣，后辅佐旃陀罗笈多（Chandragupta，公元前321—前297年在位）推翻难陀王朝并建立孔雀王朝，[③] 为阿育王（Ashoka，公元前265—前238年在位，或译无忧王，系旃陀罗笈多之孙）实现印度首次大统一（不包括次大陆南端）奠定了基础。因此，憍底利耶是对印度历史进程发挥了重大影响的历史人物。他首先是一位身居高位的政治实践者，其次才是政治思想家（体现在其著作《政事论》之中），这一点或可类比中国的孙武与其《孙子兵法》的关系。

---

① P. K. Gautam, *One Hundred Years of Kautilya's Arthasastra*, Institute for Defence Studies and Analyses, July 2013, p. 7. 周一良、吴于廑主编的《世界通史》（上古卷）同样指出，对于《政事论》的作者，学术界多有争论，多数认为出于憍底利耶之手但经过后人增改，全书约在公元2世纪最后写定。见周一良、吴于廑主编：《世界通史》（上古卷）（本卷由齐思和主编），人民出版社1973年版，第279页。

② R. P. Kangle (translated), *The Kauṭilīya Arthaśāstra* (Vol. 3), Motilal Banarsidass Publishers, 8th Reprint: Delhi, 2014 (Second Edition, Bombay University, 1969), pp. 60–61. “大英百科全书在线” Kautilya 词条（https://www.britannica.com/biography/Chanakya），2017年2月16日访问。Jawaharlal Nehru, *The Discovery of India*, New Delhi: Oxford University Press, 1994, p. 123。

③ “大英百科全书在线” Kautilya 词条（https://www.britannica.com/biography/Chanakya），2017年2月16日访问。

《政事论》成书后流传了一千余年，后逐渐散失，长期淹没于历史尘埃之中。1905 年，印度南方泰米尔纳杜地区著名宗教城市坦焦尔一婆罗门向位于迈索尔的东方图书馆（Mysore Government Orient Library）捐赠一古书抄本，经整理识别后确定为《政事论》，引起巨大反响，仅 4 年之后的 1909 年就出版了梵文整理本，1915 年出版首个英译本。① 此前人们一度认为《政事论》久已失传，但坦焦尔抄本的出现说明《政事论》至少在 18 世纪仍有传承，因为这种抄本难以长期保存，1905 年发现的抄本应至少在一个半世纪前即 1750 年前后经过了最后一次抄录。② 后来，各界又在印度各地发现各种残本，主要集中在南方。③ 由于坦焦尔抄本和多个残本均出现在南方，所以一度有学者认为《政事论》仅在印度南方有传承，在北方影响甚小。直到西北部的古吉拉特发现《政事论》稿本之后，此说才自然破除。各种稿本经整理识别后，又陆续出版《政事论》多个不同梵语整理本和外文译本以及多个印度本土语言版本，④ 以康格尔 1960 和 1963 年出版的梵文本和英译本影响较大（后与 1965 年出版的另一研究性

① R. Shamasastry (translated), *Kautilya's Arthasastra*, Mysore Printing and Publishing House, 1915.

② P. K. Gautam, *One Hundred Years of Kautilya's Arthasastra*, Institute for Defence Studies and Analyses, July 2013, p. 43.

③ P. K. Gautam, *One Hundred Years of Kautilya's Arthasastra*, Institute for Defence Studies and Analyses, July 2013, p. 41.

④ 到 1959 年已有三个梵文足本（迈索尔本、拉合尔本、蛇城本）和一个残本，1960 年康格尔（R. P. Kangle）出版第一个精较本，1991 年圆喜梵文大学（Sampurnand Sanskrit University）出版一个五家集注本。到 20 世纪 60 年代，已有五种印地语本、马拉提语、古吉拉特语、孟加拉语、卡纳达语、玛拉雅姆语、奥里萨语、泰米尔语和泰卢固语版本各一。见朱成明："《利论》译疏"，北京大学博士学位论文，2016 年，第 2—3、6 页。此外，较常见的英文译本有 R. P. Kangle (translated), *The Kauṭilīya Arthaśāstra* (3 Vols.), Motilal Banarsidass Publishers, 8th Reprint: Delhi, 2014 (Second Edition, Bombay University, 1969). L. N. Rangarajan (translated), *The Arthashastra*, Penguin Books, 1992 (reprinted in January 1, 2000). McClish and Patrick Olivelle (translated and edited), *The Arthasastra: Selections from the Classic Indian Work on Statecraft*, Hackett Publishing Company, September 15, 2012 等。

著作合为三卷本，第一卷为梵文原文，第二卷为英文，第三卷为注释研究）。

这里仅以《政事论》首个英译本即1915年本和朱成明中文译疏本（尚未出版）来简要介绍该书基本架构。1915年本在2010年重印，全书无注释，仍厚达420页，重近500克，约20万英文单词。朱成明译疏本主体即第35—462页为译文和注释，长达427页，字数应在35万左右。全书分15篇（adhikarana或book），各篇长短不一，从一章到三十六章不等。各篇标题分别是：教戒、督官职守、律法、去刺、秘行、“曼荼罗”作为基础、六策、灾厄、征前预备、兵法、对团众之举措、[1]弱王、夺城诸法、秘术、论书组织，大体可分为内政（1—5篇）和外事（6—14篇）两部分。全书的组织方式是：先交代君主治国之要，说明君主不能独治，必设臣工枢密以为辅弼顾问；但后者若不忠诚也会产生大害，故建议以各种间谍来侦查臣工枢密是否忠诚；然后极为详细地讨论方方面面的治国之要，内政方面包括政府各部门的职责、律法条文、司法制度等，外交与战争方面则包括构筑要塞、招募军队、总称为六策的外交政策、结盟问题、“曼荼罗”或称列国圈等。全书内容极为丰富庞杂，不仅有复杂的思想论述，更详细乃至繁琐地罗列了治国理政的诸般要务及其具体操作，称之为古印度的“治国手册”，当不为过。

英译本一般直接以该书梵文原名的拉丁转写形式*Arthashastra*为正标题，副标题则根据译者的理解，以On Statecraft（论治国），King，Governance，and Law in Ancient India（古印度的君主、治国与律法），The Science of Wealth（财富学），The Way of Financial Man-

---

① “《利论》译疏”认为团众是一种有别于君主制和共和制的政体，类似于贵族制或寡头制。见该资料第67页注。康格尔直接将第11篇译为Policy toward Oligarchies。

agement and Economic Governance（财经管理之道）等文字加以说明，也有直接将*Arthashastra*解作Science of Polity（政治学），Treatise on Politics（政治论），The Science of Material Gain（利学）甚至Economics（经济学）和Political Economics（政治经济学）的。中文世界对此书从不采用“阿塔沙斯特拉”之类的音译，一律取意译，主要有“政事论”和“利论”两种译法，另一译法“治国安邦术”较罕见。[①]“政事论”这一译名在世界史界较为流行，国内的世界史论著基本采用这一译名，“利论”则在印度古文献研究者中使用较多。就字面意思而言，*Arthashastra*这一组合词的后半段即shastra译为“论”是没有问题的（大致对应英文的science或treatise），前半段的Artha指印度教教义中所谓人生四大目的（Four Purusharthas或Caturvarga，分别是利、欲、法、解脱，拉丁化的写法为Artha，Kama，Dharma，Moksha）之中的“利”，主要指世俗的财货之利及由此引申的治国之策，约略相当于汉语文言文所谓“经济”。就内容而言，该书主要讨论了治国理政的各方面内容，包括王权、辅臣、顾问、间谍（用于保障前二者的忠心）、各部门职责、经济管理、社会治理、战略、军事、外交、结盟等。由此可见，《利论》和《政事论》这两个译名其实各有千秋：侧重字面意思可译为《利论》，但一般读者不一定能迅速理解其内涵；欲揭示实质内容，则似译为《政事论》更妥。本书采用《政事论》一名，这一点此前已向读者说明。

---

① 如季羡林“中国蚕丝输入印度问题的初步研究”即采用这种译法。见《季羡林全集》第13卷，外语教学与研究出版社2010年版，第117页。另偶见“实利论”以及“政论”的译法，前者见周一良、吴于廑主编：《世界通史》（上古卷）（本卷由齐思和主编），人民出版社1973年版，第279页；后者见张正明：“料器与先秦的楚滇关系和中印交通”，《江汉论坛》1988年第12期，第70页。

（二）年代与作者

学界对《政事论》的成书年代和实际作者看法并不统一，分歧严重，年份差异达近500年。[①] 如果全书确为憍底利耶所做，其年代当在公元前321年前后不太久。不过很多研究认为《政事论》的主要内容要早于憍底利耶时代，甚至直言《政事论》是当时所有论“利”的著作之总汇（compilation）。[②] 矛盾的是，也有不少研究认为其成书时间大大晚于憍底利耶时代，如印度历史研究理事会（Indian Council on Historical Research）组织的研讨会认为《政事论》于公元150年前后由学者憍底利耶创作。[③]《印度史》认为该书部分章节可能到公元300年才写定。[④]《高级印度史》（英文原版1946年出版）认为：《政事论》提到了中国的丝，表明该书诞生较晚，因为早期孔雀王朝的印度并不知道中国；《政事论》将梵语作为官方语言，这也不是孔雀王朝的特征；但是，笈多王朝编成的耆那教经典已提到《政事论》；这些迹象共同说明《政事论》应该是孔雀王朝和笈多王朝之间的作品。[⑤] 著名文化史学者巴沙姆（A. L. Basham）认为《政事论》并未使用孔雀王朝的标准官方术语，也没有使用笈多王朝的

---

① P. K. Gautam, *One Hundred Years of Kautilya's Arthasastra*, Institute for Defence Studies and Analyses, July 2013, pp. 39 – 40.

② “大英百科全书在线”Kautilya 词条（https://www.britannica.com/biography/Chanakya），2017年2月16日访问。

③ K. N. Ramachandran, “Sun Zi and Kautilya: Towards a Comparative Analysis,” *Strategic Analysis*, Vol. 38, No. 3, 2014, p. 392.

④ 赫尔曼·库尔克、迪特玛尔·罗特蒙特，王立新、周红江译：《印度史》，中国青年出版社2008年版，第76页。

⑤ R. C. 马宗达等著，张澍霖等译：《高级印度史》（上册），商务印书馆1986年版，第136页。

术语，表明其编撰时间介于孔雀王朝和笈多王朝之间。[①]

不论认为成书时间是早于还是晚于憍底利耶时代，上述看法都将憍底利耶视为一个学派的代表人物或创立者，认为现有的《政事论》文本是该学派在憍底利耶教导下撰写的各种文献的合集，反映了该学派的核心观点。很多研究认为，《政事论》经常引用的憍底利耶和其他人都是该学派的学者，而《政事论》作者往往更倾向于憍底利耶的观点。[②] 确实，《政事论》开篇即明确表示“这一《政事论》是古代导师为获取并保持土地而创作的几乎所有“政事论”的汇编”,[③] 结尾又再次重复此论。[④] 此外，《政事论》行文也经常先引用各家观点（有时多达十家），最后才列出憍底利耶的观点，通常是对前述所有观点的驳正，有时则是从中做出取舍。这种情况全书随处可见，数不胜数。比如第一篇第八章一开始就有八人就任用辅臣的标准问题相互辩驳，作者憍底利耶的观点最后出现，[⑤] 篇幅一页有余。又比如第一篇第二章开篇列出了四门学问，并罗列了摩奴（Manu）、祈主（Brhaspati）、优散那（Usana）和憍底利耶的不同观

---

① P. K. Gautam, *One Hundred Years of Kautilya's Arthasastra*, Institute for Defence Studies and Analyses, July 2013, p. 40.

② K. N. Ramachandran, "Sun Zi and Kautilya: Towards a Comparative Analysis," *Strategic Analysis*, Vol. 38, No. 3, 2014, p. 392.

③ R. Shamasastry (translated), *Kautilya's Arthasastra*, Bottom of the Hill Publishing, 2010, p. 6. R. P. Kangle (translated), *The Kauṭilīya Arthaśāstra* (Vol. 2), Motilal Banarsidass Publishers, 8th Reprint: Delhi, 2014 (Second Edition, Bombay University, 1969), p. 1. 朱成明：“《利论》译疏”，北京大学博士学位论文，2016 年，第 36 页。

④ R. Shamasastry, op. cit., p. 415. R. P. Kangle, op. cit., p. 512. 朱成明，前引资料，第 459 页。

⑤ R. Shamasastry, op. cit., pp. 17 – 18. R. P. Kangle, op. cit., pp. 15 – 16. 朱成明，前引资料，第 46—47 页。

点，分别主张真正的学问应该有三、二、一、四种。[①]

由此可见，《政事论》成书之前应该已有若干类似文献流传，而此书实为集大成者。实际上，《政事论》中频频提及诸先师（teachers，purvacaryas）一语，经常出现摩奴、祈主、优散那、婆罗堕遮（Bharadvaja）、阔目（Visalaksha）、波罗奢罗（Parasara）、畀戍那（Pisuna）、憍那波呾陀（Kaunapadanta）、风疾（Vatavyadhi）等论政者。[②] 上述论者要么是神话人物或传说人物，要么其事迹已不可考，很可能是各家论政者所假托。

一些研究明确表示，《政事论》应该是在不同年代先后成书并汇编而成的。有研究考察了《政事论》一书代词的出现频度，认为该书至少可分为互有区别的两部分。根据书中地名均不晚于笈多王朝的现象，判定全书的撰写当不晚于中世纪的笈多时代。陶特曼（Thomas R Trautmann）通过计算机辅助进行的词频统计分析指出，《政事论》各篇并非出于同一作者。[③]

甚至，关于憍底利耶是否确有其人，学界也存在争议。有学者主张憍底利耶其人并不存在。憍底利耶时代之后不久来到孔雀王朝的塞琉古王朝使臣麦加斯梯尼写下一本《印度志》（*Indika* 或 *Indica*）[④] 流传于西方，成为后来研究印度古史的重要参考文献。《印度

① R. Shamasastry, op. cit., p. 10. R. P. Kangle, op. cit., p. 6. 朱成明，前引资料，第39页。朱成明此处直接将其译为摩奴派、祈主派和优散那派，表明将其视为一类人而不是一个人。

② 译名参照朱成明，前引资料，第46—47页。据朱成明，婆罗堕遮可能是《摩诃婆罗多》中的英雄德罗纳；阔目是印度教三大主神之一湿婆（Shiva）的别称，极裕仙人之孙、广博仙人之父名波罗奢罗，但此处的波罗奢罗不知是人是神；畀戍那可能是仙人那罗陀；憍那波呾陀是《摩诃婆罗多》中大英雄毘湿摩（Bhishma）的诨名。

③ P. K. Gautam, *One Hundred Years of Kautilya's Arthasastra*, Institute for Defence Studies and Analyses, July 2013, pp. 41 - 42.

④ 此书亡佚久已，部分片段散见于阿里安的《印度志》（*Indica*, Arrian，和麦加斯梯尼的《印度志》同名），以及斯特拉波《地理学》（*Geographica*, Strabo）等书。

志》记录了各种印度风物包括种姓制度等，却从未提到憍底利耶，似乎对此人一无所知。[①] 印度本土文献对憍底利耶的记载也有严重欠缺，人们对憍底利耶生平的认识大多来自佛教和耆那教的宗教文献以及古典戏剧，这些文献作为历史资料的可靠性往往存在较大疑问。

相反的观点认为，《印度志》原书早已散失，其文字散见于后世文献的引用之中，残本未提及憍底利耶并不能说明原书全文也未提及。何况即便《印度志》全书确未提到憍底利耶，也不能得出此人并不存在的结论，只能说可以存疑。[②] 其实，《印度志》并未提到孔雀王朝的任何大臣，如由此得出结论说孔雀王朝只有君主而没有臣工辅佐，显然是荒唐的。[③] 另外，印度本土历史文献缺乏，很多历史人物都未留下可靠的历史记载，只有各种蛛丝马迹存留于宗教文献与史诗传说之中。[④] 这是印度古史中的普遍问题，憍底利耶并非特例。学界直到 1915 年才借考古发现真正确定了阿育王和孔雀王朝是

---

① P. K. Gautam, *One Hundred Years of Kautilya's Arthasastra*, Institute for Defence Studies and Analyses, July 2013, p. 39.

② Rashed Uz Zaman, "Kautilya: The Indian Strategic Thinker and Indian Strategic Culture," *Comparative Strategy*, Vol. 25, No. 3, 2006, p. 235. P. K. Gautam, *One Hundred Years of Kautilya's Arthasastra*, Institute for Defence Studies and Analyses, July 2013, pp. 69 – 70.

③ R. P. Kangle (translated), *The Kauṭilī ya Arthaśāstra* (Vol. 3), Motilal Banarsidass Publishers, 8th Reprint: Delhi, 2014 (Second Edition, Bombay University, 1969), p. 62.

④ 当时已知的释迦牟尼事迹均属佛教文献的说法而非历史记述，直到近代才有考古研究揭示了相关的遗迹并从侧面说明了部分问题。与释迦牟尼基本同时代的摩揭陀国著名君主频毗娑罗（Bimbisara）和阿阇世（Ajatashatru）等的事迹同样主要流传于佛教和耆那教文献与传说中，但两教文献记述颇为矛盾。周一良、吴于廑主编的《世界通史》（上古卷）不得不颇为无奈地指出，"关于公元前一千纪最初几个世纪的印度政治史，现在尚无系统的，可靠的具体资料。传说恒河上游的君主属于月种王朝，它的统治范围可能曾扩大到北印度相当大的一部分地区。传说中的另一主要王朝是日种王朝，其统治范围是恒河流域中部。这些早期的奴隶制小国不断相互战争，留下了许多神话式的战争故事"。见周一良、吴于廑主编：《世界通史》（上古卷）（本卷由齐思和主编），人民出版社 1973 年版，第 159 页。

事实而非神话传说，[①] 这比《政事论》重见天日还晚了几年。既然能够承认阿育王、旃陀罗笈多等人的存在和生平，那就没有理由否定憍底利耶的基本情况。另外，佛教文献、耆那教文献和古代戏剧三个来源都不约而同地大谈特谈憍底利耶的事迹，主要内容基本一致，后世文献特别是政治学文献也多提到憍底利耶及其《政事论》，[②] 这些都大大增强了憍底利耶事迹的可信性。

另一个问题涉及《政事论》所提到的作者憍底利耶和毗湿奴古普塔，与得到较多承认的历史人物阇那迦的相互关系。一般认为三者是同一个人，[③] 但也有学者认为这是三个人：《政事论》主要作者为憍底利耶，编撰修订者为毗湿奴古普塔，阇那迦与该书毫无关系；也有观点认为这是两个人，即憍底利耶又名毗湿奴古普塔，而阇那迦是另一个人。[④] 不过，上述两种观点并不占主流。

总的来说，现在的主流看法认为，《政事论》确为憍底利耶所做，但写作时参照了当时流传的多部同类型文献，在流传过程中又经过各种改写与补充，所以现行版本的实际作者不止一人，但憍底利耶为主要作者。《政事论》体例完备，论述系统，前后思想总体一致，表明该书虽经过一定的编修，但总体上仍是一部专著，反映了

---

① P. K. Gautam, *One Hundred Years of Kautilya's Arthasastra*, Institute for Defence Studies and Analyses, July 2013, pp. 20, 22.

② 如《政治精要》（*Nitisara*）、《十王子行述》（*Dasakumar Carita*）和《五卷书》（*Panchatantra*）均称《政事论》为毗湿奴古普塔所著。P. K. Gautam, *One Hundred Years of Kautilya's Arthasastra*, Institute for Defence Studies and Analyses, July 2013, p. 39.

③ 如"大英百科全书在线"直接将 Kautilya 和 Vishnugupta 收入 Chanakya 词条（https://www.britannica.com/biography/Chanakya）。

④ Pradeep Kumar Gautam, "Understanding Kautilya's Arthasastra: Origination, Migration and Diffusion," in Michael Liebig and Saurabh Mishra (eds.), *The Arthasastra in a Transcultural Perspective: Comaring Kautilya with Sun-Zi, Nizam al-Mulk, Barani and Machiavelli*, Pentagon Press, 2017, p. 103.

主要作者憍底利耶的思想。①

涉及憍底利耶著作的还有一个小问题。除了《政事论》，市面上还流传一本叫作《阇那迦论政》（*Chanakyaniti*）的小册子。② 这本小册子内容精炼，某些内容确与《政事论》思路一致，甚至是从中摘引而来。不过全书作者仍难以确定为憍底利耶。③

二、历史影响

《政事论》在历史上的实际影响颇富争议。高善必（D. D. Kosambi）等学者认为不宜过高评价《政事论》的影响力，原因主要有以下七点。第一，印度在历史上长期分裂，《政事论》所蕴含的思想并没有多少实践机会。第二，印度自公元1000年起就频遭穆斯林入侵，逐步进入所谓伊斯兰时代，作为印度教文献的《政事论》湮没无闻当在情理之中。第三，印度历史上长期是口述传统强大而书写传统较弱，对古典文献的保存有很多不足。像《政事论》这种与宗教较为疏远的文书，难以得到专司文化传承之责的婆罗门阶层重视，传承不足，自然影响不大。第四，印度对本国的漫长历史记载较少，直到现代

① P. K. Gautam, *One Hundred Years of Kautilya's Arthasastra*, Institute for Defence Studies and Analyses, July 2013, p. 7. 周一良、吴于廑主编：《世界通史》（上古卷）（本卷由齐思和主编），人民出版社1973年版，第279页。

② B. K. Chaturvedi (translated), *Chanakya Neeti*, Diamond Pocket Books, December 1, 2009.

③ P. K. Gautam, "One Year of Arthasastra: Response, Pedagogy and Research," in Pradeep Kumar Gautam, Saurabh Mishra and Arvind Gupta (eds.), *Indigenous Historical Knowledge: Kautilya and His Vocabulary* (Vol. 2), Pentagon Press, 2016, pp. 113 – 114.

才结合东西方文献、本土文献、考古学等综合方法基本清理出印度历史的概貌，但很多重要细节远未理清，重要历史人物的成长经历、政治思想、内外政策等更是含糊不清。在这种情况下，要讨论《政事论》对政治家的影响实在不具备必要的前提条件。本着谨慎的原则，在依据不足的情况下，理应疑似从无。第五，高善必等专门指出，《政事论》是为帝王将相而写，读者只有帝王将相和一小部分知识分子，全书流传不广，影响有限。巴沙姆也认为《政事论》流传有限，与羯曼陀伽的《政治精要》（*Nitisara*）和《摩诃婆罗多》（*Mahabharata*）等流传广泛的文献相比，这一弱点暴露无遗，其影响力自然也要比后者小很多。[①] 第六，《政事论》传世文本稀缺，说明世人认为其思想颇不道德，对其颇为抵触，影响力自然不会大。[②] 另有专家认为《政事论》主要是一部理论著作而不反映古印度的现实，[③] 而理论著作是难以产生直接的重大政治影响的。

但更多的观点认为《政事论》的实际影响不容小觑，不应低估。[④] 第一，《政事论》的作者并非单纯的学者，而是国师级的政治家。按照传统的说法，憍底利耶实际上是孔雀王朝的灵魂人物，他与开国君主旃陀罗笈多名为君臣，实为师生，后者实际上是憍底利

---

① P. K. Gautam, *One Hundred Years of Kautilya's Arthasastra*, Institute for Defence Studies and Analyses, July 2013, pp. 40 – 41.

② K. Nag, *Les Théories diplomatiques de l' Inde ancienne et l' Arthaçāstra*, Paris, 1928, pp. 119ff, quoted in R. P. Kangle (translated), *The Kauṭilīya Arthaśāstra* (Vol. 3), Motilal Banarsidass Publishers, 8th Reprint: Delhi, 2014 (Second Edition, Bombay University, 1969), p. 279.

③ Roger Boesche, *The First Great Political Realist: Kautilya and His Arthashastra*, Lexington Books, 2002, p. 15.

④ P. K. Gautam, *One Hundred Years of Kautilya's Arthasastra*, Institute for Defence Studies and Analyses, July 2013, p. 7. Shyam Saran, *How India Sees the World: From Kautilya to 21st Century*, Juggernaut Books, 2017, pp. 15 – 16. Roger Boesche, *The First Great Political Realist: Kautilya and His Arthashastra*, Lexington Books, 2002.

耶一手选拔、培养出来的，孔雀王朝得以取代难陀王朝，主要是憍底利耶的功劳。[①] 这种关系颇类似于《三国演义》中的诸葛亮与刘备，或者民间传说中的姜太公与周武王，而憍底利耶对王朝的政治影响力，比诸葛亮或姜太公是有过之而无不及的。因此，很难想象作为憍底利耶政治思想集中体现的《政事论》未曾在孔雀王朝的印度发挥重要作用。可能正是考虑到这一因素，“大英百科全书在线”直接将《政事论》视为旃陀罗笈多的行动指南。[②]

第二，对孔雀王朝的研究已表明《政事论》的很多记述并非空穴来风。比如，据《印度志》描述推算出来的孔雀王朝国都华氏城［Pataliputra，今巴特纳（Patna）附近］塔楼之间或塔楼与下一城门之间的距离，基本符合《政事论》的记述，[③] 该书对华氏城及孔雀王朝风物如华氏城的规划、宫廷与官署、道路与交通的描述也多与《政事论》相符，甚至旃陀罗笈多主要由女兵守卫一事也与《政事论》所述基本吻合。此外，现存的阿育王石柱铭文也多与《政事论》相符。[④]

第三，《政事论》成书于印度大统一前夜的十六雄国时期，类似于中国的战国时代。这一时期的社会变动加速，政治斗争残酷，战争极为激烈，《政事论》富有针对性地提出一整套类似于“法家”的指导思想和详细操作方案，对战争问题更是不惜篇幅详细讨论

---

① 据“大英百科全书在线”Chandragupta 词条（https://www.britannica.com/biography/Chandragupta），旃陀罗笈多年轻时被卖身为奴，买主正是憍底利耶（!）。旃陀罗笈多后来赴塔克西拉学习，起兵推翻难陀王朝等，均系憍底利耶安排或鼓动。

② “大英百科全书在线”Kautilya 词条（https://www.britannica.com/biography/Chanakya），2017 年 2 月 16 日访问。

③ 赫尔曼·库尔克、迪特玛尔·罗特蒙特著，王立新、周红江译：《印度史》，中国青年出版社 2008 年版，第 75 页。

④ Roger Boesche, *The First Great Political Realist: Kautilya and His Arthashastra*, Lexington Books, 2002, pp. 16–17.

（此处又类似于兵家）。因此，即使仅从实用的角度来考虑，《政治论》也理应得到高度重视。

第四，在印度历史上，政治分裂、小国林立、相互攻伐的局面居多数，而政治统一的太平局面为少数。因此，《政事论》及其思想总会有用武之地，甚至可以说是不可或缺的。这是由政治分裂的客观环境，以及维持生存这一不可妥协的需求决定的，穆斯林统治阶层可能的宗教成见、婆罗门阶层的自负心态都不能改变这一点。

第五，印度政治史反复出现的现象是，分散的诸小国始终难以团结起来共御外侮。印度反复遭受来自西北部的入侵，中世纪来自西北方的突厥族穆斯林王朝一开始是反复劫掠而去，后来就逐步在次大陆安家落户，甚至在德里建立了前后相继的五个王朝（德里苏丹国），最后更建立了次大陆最后一个统一王朝莫卧儿王朝。令人费解的是，人数始终居于多数的印度教各王国总是无法团结起来，而是一团散沙地陷于内斗。有研究认为，这正是《政事论》所蕴含的“曼荼罗”（Mandala 或 Rajamandala，又译为列国圈）思想庸俗化、绝对化、普遍化造成的恶果。[1] 受这种思路影响，各小国总是将周边邻国视为潜在对手，随时都在打“远交近攻”的小算盘，却对日渐逼近的共同威胁视而不见，坐视邻国逐个沦亡，最后被各个击破。其结果就是，数量不大的穆斯林统治者成功地征服了地域广阔、人口众多的南亚次大陆。近代的英国殖民者不过是再次成功重复了这一反复上演的历史进程。这也从另一个侧面说明了《政事论》的影响力。

第六，《政事论》不仅是作者思想的反映，也是此前印度战略思

---

① Satish Talwar, “The Enemy Within,” *Journal of the United Service Institution of India*, Vol. 140, No. 578, 2009, pp. 508 – 512.

想的总结，对印度此后上千年的政治学、伦理学发展均产生了深刻影响。如前所述，《政事论》在正文中反复引用已有观点，有时辨析批驳，有时肯定吸纳。全书很多地方引用某种观点后并不列出作者观点，显然意味着作者认同并采纳了所引用的观点。此外，全书很多重要内容也与此前或当时的普遍看法保持一致。比如，国家七要素（Prakrti，或合称为 Saptanga）其实是《摩诃婆罗多》［*Mahabharata*，特别是其《和平篇》（*Shanti-Parvan*）］等文献的普遍观点，各种文献提到的要素数量一样，内容基本一致，表述略有不同。转轮王（Chakaravartin，指南亚统一大帝国的君主）也是当时的普遍观念。又比如，《政事论》讨论的四种政治手段（Upaya）既出现在此前的文献如各种法经（Dharmashastra）和《摩诃婆罗多》等史诗中，也出现在其后的重要政治著作如《政治精要》之中，① 后者同样使用“曼荼罗”体系。② 晚出的政治学著作如《政治精要》等也公开承认得到《政事论》的启发，将憍底利耶作为政治学先贤加以引用。因此，《政事论》的现实影响既包括直接影响，也包括借其他作品而产生的间接影响。由于《政事论》思想对后世文献渗透性极强，这种影响实际上是弥漫于无形且无处不在的。

最后，评估《政事论》影响力还要充分考虑印度的口述传统。在古印度，文献思想的流传往往大幅超过其文本的流传范围，因为很多文献及其核心思想正是通过口述而非书写长期流传的，但后世要探究其详情显然是异常困难乃至不可能的。《政事论》的文本在后

---

① P. K. Gautam, “Understanding Kautilya’s Four Upayas,” IDSA Comment, June 20, 2013, https://idsa.in/idsacomments/UnderstandingKautilyasFourUpayas_pkgautam_200613.

② Shyam Saran, *How India Sees the World: From Kautilya to 21st Century*, Juggernaut Books, 2017, p. 14.

世几近失传，很可能导致人们大大低估其实际流传和政治影响。①

这里还要补充《政事论》思想在海外流传的情况。《政事论》诞生后，不仅在印度本土流传，也在国外有所流传，对东西方均有一定影响。东南亚的柬埔寨、泰国等一度盛行印度文化，憍底利耶的思想也有流传。憍底利耶的思想在中东也有流传，先是进入寓言故事集《五卷书》（*Panchamantra*），然后被译为波斯语，继而被译为阿拉伯语的《卡里莱和笛木乃》（*Kalila and Dimna*），成为伊斯兰世界的思想资源。此后，它又影响到拉封丹的动物寓言故事，成为西方的思想资源。②

三、写作特点

《政事论》的写作表现出若干突出特点，具体包括对历史与现实的疏离态度、理论化偏好、矛盾的伦理观等。

（一）对历史与现实的疏离

在写作政论著作时，东西方的作者往往喜欢结合史实来展开探讨。历史传统深厚的中国甚至诞生了很多以研究历史的形式进行政治探讨的著作，著名的《资治通鉴》就是其代表作，《二十四史》

---

① Rashed Uz Zaman, "Kautilya: The Indian Strategic Thinker and Indian Strategic Culture," *Comparative Strategy*, Vol. 25, No. 3, 2006, p. 240.

② P. K. Gautam, *One Hundred Years of Kautilya's Arthasastra*, Institute for Defence Studies and Analyses, July 2013, p. 63.

在很大程度上也是政治史。然而，历史传统迥异的印度，在政治著作的撰写上也遵循了一套完全不同的思路。人们或许会认为，汉译后近35万字的《政事论》理应梳理古印度的政治史，充分利用这一文明古国漫长而复杂的历史来说明其政治主张。但《政事论》偏偏采用了另一种撰写方式：全书按照逻辑顺序逐步展开，探讨了治国理政的方方面面，却并不严格征引历史案例，始终以抽象的方式来探讨各种内政外交的原理。当然，《政事论》行文也不乏例证法：如第六章提到，蒲阇（Bhoja）试图猥亵一名婆罗门女子，结果其王国与亲属一起灭亡；镇群王（Janamejaya）盛怒之下冒犯了婆罗门，同样导致灭亡；甚至将《罗摩衍那》中魔王罗波那（Ravana）受虚荣心影响不愿归还他人妻子的故事作为事例，用以说明控制感官极端重要，不能控制感官者，即使统治四海也只能灭亡。① 但以上征引的要么是神话，要么是传说，从中实在难以找出历史的影子。

《政事论》对现实问题也采取了疏离的态度。公元前三四世纪的印度正处于异族入侵、列国纷争、社会变革的动荡岁月，但《政事论》在行文中既不有针对性地直接讨论现实政策，也并不运用精彩而复杂的现实问题来说明其政治主张。比如，《政事论》全书完全没有提到难陀王朝及孔雀王朝和旃陀罗笈多，甚至完全未提及摩揭陀国的首都华氏城之名，以至于一些研究人员据此对该书创作时间和作者提出强烈质疑。②

---

① R. Shamasastry, op. cit., p. 15. R. P. Kangle (translated), *The Kauṭilīya Arthaśāstra* (Vol. 2), Motilal Banarsidass Publishers, 8th Reprint: Delhi, 2014 (Second Edition, Bombay University, 1969), pp. 12 – 13. 朱成明，前引资料，第44页。

② 可参考康格尔对相关观点的讨论，见 R. P. Kangle (translated), *The Kauṭilīya Arthaśāstra* (Vol. 3), Motilal Banarsidass Publishers, 8th Reprint: Delhi, 2014 (Second Edition, Bombay University, 1969), pp. 62 – 63.

（二）理论化偏好

与对历史和现实的疏离态度相关的是，《政事论》呈现出一种强烈的理论化风格，即偏好从逻辑推衍而不是历史与现实的思路来组织篇章，论述观点。这方面的具体表现，一是高度抽象的风格。这方面例子很多。比如第一篇第九章罗列了辅臣（amatyasampat）的二十项素养，并称缺乏其中四分之一者可担任中品秩，缺乏其中一半者可担任下品秩。[①] 第七篇第十章又称攻克河流环绕的要塞的消耗两倍于攻击平原要塞。[②] 全书甚至连长度、重量和时空的衡量单位都做了详细说明，[③] 而很多计量单位要么过大、要么过小，在日常生活中是用不上的，其设计在很大程度上是出于作者抽象地完备其体系的需要。

二是分析法偏好。如同很多印度古典作品一样，该书特别喜欢采用分析法，将大的话题分为很多元素，这些元素又相互交织而形成极为复杂的组合状态，然后再对这些状态逐个进行探讨。比如，作者在第一篇第十章讨论了君主如何使用间谍来测试各方的忠诚，然后详细罗列了各种各样的间谍，包括国师、军队统帅、游方女修行者、辅臣等，再逐一探讨其工作方式。[④] 又比如，作者在“曼荼

---

① R. Shamasastry, op. cit., p. 19. R. P. Kangle (translated), *The Kauṭilīya Arthaśāstra* (Vol. 2), Motilal Banarsidass Publishers, 8th Reprint: Delhi, 2014 (Second Edition, Bombay University, 1969), p. 17. 朱成明，前引资料，第48页。

② R. Shamasastry, op. cit., p. 297. R. P. Kangle, op. cit., pp. 354 – 355. 朱成明，前引资料，第332页。

③ R. Shamasastry, op. cit., pp. 107 – 112. R. P. Kangle, op. cit., pp. 134 – 141. 朱成明，前引资料，第138—145页。

④ R. Shamasastry, op. cit., pp. 21 – 22. R. P. Kangle, op. cit., pp. 18 – 20. 朱成明，第49—51页。

罗”理论中将本国正面的各国分为友国（Mitra）、敌国（Ari）、中间国（Madyama）、中立国（Udasina）四类，同时又专门将后方的国家做相同区分，但分别起了不同的名字，一共构成八种类型，各有讨论。[①] 再比如，《政事论》还对和约进行了详细分类，包括有人质的和约、无人质的和约等。有人质的和约又分为以君主为人质、以军队将帅为人质、以王子为人质等，每种方式各有利弊。[②] 另外，《政事论》还对君主的治国理政提出极为具体的建议，要求君主将昼夜时间等分为16份（bhaga），并对每份时间的具体安排都做了说明。[③] 这种方法对问题的讨论是详细的，但很多时候的确也过于琐碎，比如按位于前方或后方而分出八类国家，总的来说并无多大必要。

（三）充满内在张力的伦理观

《政事论》的伦理观是一个很复杂也颇有争议的问题。很多研究都明确表示《政事论》奉行非道德的谋略，其谋略并无伦理底线，但另一批研究则强调《政事论》具有周全的伦理观，主张“以法制利”。[④] 因此，这里先对这一问题做一简短讨论。必须指出的是，现

---

① P. K. Gautam, *One Hundred Years of Kautilya's Arthasastra*, Institute for Defence Studies and Analyses, July 2013, p. 55. R. Shamasastry, op. cit., pp. 265 – 266. R. P. Kangle, op. cit., pp. 318 – 319. 朱成明，前引资料，第298—300页。

② R. Shamasastry, op. cit., pp. 274 – 275, 316 – 318. R. P. Kangle (translated), *The Kauṭilīya Arthaśāstra* (Vol. 2), Motilal Banarsidass Publishers, 8th Reprint: Delhi, 2014 (Second Edition, Bombay University, 1969, pp. 327 – 330, 375 – 377. 朱成明，前引资料，第307—309、350—351页。

③ R. Shamasastry, op. cit., p. 43. R. P. Kangle, op. cit., pp. 45 – 47. 朱成明，前引资料，第69—70页。

④ Pradeep Kumar Gautam, *Understanding Dharma and Artha in Statecrat through Kautilya's Arthashastrra*, Institute for Defence Studies and Analyses, No. 53, July 2016, pp. 8, 11.

代英语文献在这里往往采用偏中性的“伦理”乃至正面的“正义”（righteousness，justice）一词，而印度的本土表述是“正法”（Dharma，音译“达摩”）。“正法”一语在印度教文化体系中具有“事物的内在本质”“事物固有的秩序”“维持事物存在和发展的内在规律或法则”等基本含义，同时又引申出伦理道德（责任）乃至法律的含义，且具有宗教含义。其具体内涵可细分为种姓正法、人生正法、美德正法等三个领域。[①] 有鉴于此，“正法”也可根据具体情境分别译为“法”“本法”“职责”“天职”等，西方多将其译为“宗教”，虽不无道理，但也不够全面。

实际上，《政事论》中凡出现“正法”、正义等字眼，其最主要的涵义乃是种姓秩序而非一般意义上的伦理。[②]《政事论》将三吠陀放在全书之首的第三章讨论，详细罗列了四种姓（婆罗门、刹帝利、吠舍、首陀罗）的职责，四行期［梵行期（Brahmacharin）、家居期（Grihastha）、林栖期（Vanaprastha）、遁世期（Parivrajaka）］的人生规划等。[③] 尽管憍底利耶在很多方面都表现出高度务实的政治家精神，但对种姓制度同样表现出高度的敏感和强烈的认同，表示归于四种姓及四行期的世人，在君主刑惩的保护之下，奉行各自之本法

---

① 邱永辉：《印度教概论》，社会科学文献出版社 2012 年版，第 223—234 页。

② Charles Drekmeier, *Kingship and Community in Early India*, Bombay: Oxford University Press, 1962, p. 8, cited in radeep Kumar Gautam (ed.), *Understandign Dharma and Artha in Statecrat through Kautilya's Arthashastrra*, Institute for Defence Studies and Analyses, No. 53, July 2016, pp. 17 – 18. 《政事论》本身也对此做出说明。在第一篇第三章，作者详细罗列了四种姓和四行期者的本法，最后才简要列出所有人之法（不害、如实语、清净、不嫉妒、慈心、忍耐）。见 R. Shamasastry, op. cit., pp. 11 – 12. R. P. Kangle, op. cit., pp. 7 – 8. 朱成明，前引资料，第 40 页。

③ R. Shamasastry, op. cit., pp. 11 – 12. R. P. Kangle, op. cit., pp. 7 – 8. 朱成明，前引资料，第 39—40 页。

与本业，各行其道。[1] 这里的四种姓及四行期之民，实际上就是“全民”的代名词。憍底利耶在《政事论》中反复强调种姓制度不可侵犯，甚至表现出宗教文献一般的虔诚态度。他公开表示各人之本法使人得升天界（Svarga），享永恒之福（Anantya），而侵犯了这一准则，世人就会因（法与种姓等的）交混而毁灭。因此，君主绝不应允许人们背弃职责。[2]

有趣的是，《政事论》还严格遵照种姓制度，完全理想化地为君主设计了国师（high priest，chaplain）一职。按照《政事论》的说法，君主应服从国师，如同弟子依从师尊，儿子依从父亲，仆人依从主人（！）。[3] 这种设计当然只能成为空想，不过仍忠实地反映了作者和整个印度社会对种姓秩序的极端重视，也可以将其视为作者对婆罗门身份的高度自我认同。正是因为“正法”具有强烈的宗教意义，所以即使是憍底利耶这样的现实主义者，也绝不会去挑战“正法”特别是其所蕴含的种姓制度。对居于种姓金字塔顶端的憍底利耶来说，这种想法甚至是不可想象的。

与此同时，《政事论》虽然悬置了“正法”的概念，但其具体行文却表现出强烈的非伦理化风格。全书毫无忌讳地讨论如何使用间谍，如何用间谍来监视国人，如何制造假象来考验辅臣、将领、皇室成员的忠诚。[4] 作者认为，缔结和约只是一种维护国家利益的手

---

① R. Shamasastry, op. cit., p. 13. R. P. Kangle, op. cit., p. 10. 朱成明，前引资料，第 42 页。

② R. Shamasastry, op. cit., p. 12. R. P. Kangle, op. cit., pp. 8 - 9. 朱成明，前引资料，第 40—41 页。

③ R. Shamasastry, op. cit., p. 19. R. P. Kangle, op. cit., p. 18. 朱成明，前引资料，第 49 页。

④ R. Shamasastry, op. cit., pp. 21 - 22, 28, 245 - 246. R. P. Kangle, op. cit., pp. 18 - 21, 28 - 29, 292 - 294. 朱成明，前引资料，第 49—51、57—58、275—276 页。

段，条件具备就应背弃和约而不必拘泥；在必要的时候，统治者应毫不犹豫地使用暗杀、严刑拷打等手段。① 马克思·韦伯对此大为惊讶，表示“‘马基雅维里主义者’将会惊讶地发现，真正的‘马基雅维里主义者’其实存在于古印度。与憍底利耶相比，《君主论》的思想可谓相对‘无害’”。② 的确，《君主论》虽然赤裸裸地主张现实政治和权谋手段，却没有公然主张使用暗杀、拷打等手段，对使用间谍也更为克制，也未建议用“钓鱼”执法的方式来考验自己人。正是由于以上原因，印度国内外很多研究者特别是西方学者都倾向于将憍底利耶界定为现实主义者，认为《政事论》体现出鲜明的权力政治思想（machtpolitik）。③ 当然，这里所谓的“非伦理”并不意味着“无伦理”或“反伦理”，实际情况要比这复杂很多，后文将有更详细的讨论。

将《政事论》与《摩诃婆罗多》等文献相对照有助于更全面深入地认识其政治伦理观。比较之后可以发现，二者的政治伦理观差异明显。首先是伦理优先与权力优先的分野。《摩诃婆罗多》和《罗摩衍那》等采取伦理优先的立场，不仅在逻辑上将其置于优先地位，而且花了很大篇幅详细探讨其具体内容。推崇四种姓各安本分、各履职责的《薄伽梵歌》甚至被称为第五吠陀（The Fifth Veda），在印度人心中享有极为崇高的地位。而尽管《政事论》中不乏关于

---

① R. Shamasastry, op. cit., pp. 26, 30 – 31, 229. R. P. Kangle, op. cit., pp. 24 – 25, 30 – 32, 274 – 277. 朱成明，前引资料，第 54、58—60、260—262 页。

② Max Weber, “The Profession and Vocation of Politics,” in Peter Lassman and Bonald Speirs (eds.), *Weber Political Writings*, New York: Cambridge University Press, 2008, p. 363.

③ George Modelski, “Kautilya: Foreign Policy and International System in the Ancient Hindu World,” *The American Political Science Review*, Vol. 58, No. 3, September 1964. Roger Boesche, *The First Great Political Realist: Kautilya and His Arthashastra*, Lexington Books, 2002.

“正法”的各种表述，但通观全书可发现，“正法”的位置实际上属于“虚高”：虽然被高高供起，却并未得到详细讨论。与此相反的是，对于权力问题，全书花费了大量篇幅，浓墨重彩地深入探讨（下文有更详细讨论）。可见，尽管文字上并未明示，但《政事论》实际上采取了权力优先的立场。

其次是目的论与结果论的区别。《摩诃婆罗多》特别是其中的《薄伽梵歌》（*Bhagavad Gita*）持动机论的伦理观，主张最高伦理在于履行职责（重点是古印度盛行的种姓职责），履行职责者无须顾及后果，刹帝利种姓的职责在于战斗，战死沙场是最大的“善”。又说履行自己的职责，即使并不擅长，也比履行别人的职责更好，放弃职责是最大的恶。① 总之，这种伦理观着眼于行为的动机，不重视结果。② 与此相反的是，《政事论》的伦理观属于结果导向型，根据结果来评价政治军事行动，③ 认为评判政治行为的基本标准是能否有效扩大国家权力和成就，政治行为好还是不好，取决于其实际效果而非意图。因此，《政事论》作者可以一方面大谈“正法”，另一方面又毫无掩饰地讨论欺骗、挑拨离间、使用间谍、投毒等。④

---

① 张保胜译：《薄伽梵歌》，中国社会科学出版社 1989 年版，第 24—25、43、195 页。

② 需说明的是，《薄伽梵歌》虽秉持目的论的伦理观，但其指向首先是种姓秩序而非一般伦理意义上的善如仁爱、慈悲、友爱等，所以作者会根据“战争”是刹帝利的种姓职责而认为，刹帝利就是应该走上战场，杀戮对手，哪怕对手是自己的至爱亲朋也不必顾惜。这与现代人日常理解的善恰恰是南辕北辙的。参见张保胜译：《薄伽梵歌》，中国社会科学出版社 1989 年版，第 17—25 页。

③ Roger Boesche, *The First Great Political Realist: Kautilya and His Arthashastra*, Lanham: Lexington Books, 2002, pp. 52, 110.

④ R. Shamasastry, op. cit., pp. 26, 30 – 31, 371. R. P. Kangle, op. cit., pp. 24 – 25, 30 – 32, 453. 朱成明，前引资料，第 54、58—60、411 页。

四、相关研究

（一）印度对《政事论》的重视与研究

无论是作为《政事论》一书的作者，还是作为著名的国务活动家，憍底利耶（或称阇那迦）对印度历史的影响都是极为深远的，当代印度也对其极为推崇。一个有趣的例子是，印度首都新德里的使馆区称为阇那迦普里［Chanakyapuri，意为阇那迦城（或镇）］，使馆区一条东北—西南向的中央大道称为和平大道（Shanti Path），与其横向相交的则是憍底利耶大道（Kautilya Marg），中国大使馆正好位于这两条路的交叉口，美国大使馆也在附近。又比如，印度全国性的公务员培训机构（类似于国家行政学院）称为阇那迦公务员学院（Chanakya IAS Academy），在全国各地都设有分院。①

研究当代印度外交的学者总不忘引用印度首任总理尼赫鲁的代表作《印度的发现》（*The Discovery of India*）。《印度的发现》撰写于

---

① 可参阅阇那迦公务员学院官网，https：//www. chanakyaiasacademy. com/. 此外，孟买大学还设有阇那迦公共领导力学院（Chanakya Institute for Public Leadership，CIPL），致力于将印度的古代智慧用于培训未来的领导者，将古代智慧转化为现代实践，积极谋求以阇那迦管理思想为基础建立一种新的政治范式，详见其官网 http：//www. ciplmumbai. in/aboutcipl. html。成立于 2007 年的阇那迦管理研究学院（Chanakya Institute of Management Studies and Research，CIMSR）也附属于孟买大学，致力于管理问题的研究与教学，可授予管理学硕士学位，详见其官网 www. cimsr. org。孟买还设有“阇那迦号训练船”（T S Chanakya，实际上是一处陆上训练设施，之所以称为训练船，是因为其在 1927—1993 年间确实是在立训练船上的培训机构，1993 年设立陆上校区后继承了训练船之称），现已与多家机构合并为印度海洋大学，但仍保持相对独立性，可授予海洋科学学士学位，主要为印度培养海员，参见 http：//www. imu. tn. nic. in/aboutus. html。

1944 年，时隔《政事论》英译本出版仅 29 年，但尼赫鲁已大量运用《政事论》的资料来探讨印度古史，涉及该书的内容篇幅近 6 页。① 尼赫鲁称赞其价值难以估量，针对孔雀帝国的政治、社会、经济与军事组织提供了大量细节。② 全书花了好几页来描绘旃陀罗笈多和憍底利耶。③ 由于时代的原因，尼赫鲁的某些论述不够客观冷静：比如颇富想象力地表示两人在得知亚历山大死讯后立即动员出历久弥新的（old and ever－new）民族主义情绪，号召人民反抗外来入侵者；④ 又比如声称两人学到了亚历山大带来的西方思想，将其与印度的本土思想相结合，为印度的统一奠定了基础。⑤ 显然，正为印度独立而奋斗的尼赫鲁此处是在以古喻今。尼赫鲁高度评价《政事论》，认为孔雀王朝的情况有两本可靠的记述，而《政事论》尤为可靠。他还称赞憍底利耶勇敢、足智多谋、骄傲、报复心强，从不遗忘自己的目标，采用一切手段来击败敌人、掌握帝国，与君主的关系与其说是君臣，不如说是师生。这些评价用尼赫鲁自己的话来概括，就是憍底利耶在每一个方面都比马基雅维里了不起得多，在思想上和行动上更加伟大。⑥ 这一评价显然也洋溢着强烈的民族自信心。

---

① Jawaharlal Nehru, *The Discovery of India*, New Delhi: Oxford University Press, 1994, pp. 122－127.

② Jawaharlal Nehru, *The Discovery of India*, New Delhi: Oxford University Press, 1994, p. 110.

③ Jawaharlal Nehru, *The Discovery of India*, New Delhi: Oxford University Press, 1994, pp. 122－124.

④ Jawaharlal Nehru, *The Discovery of India*, New Delhi: Oxford University Press, 1994, p. 123.

⑤ Jawaharlal Nehru, *The Discovery of India*, New Delhi: Oxford University Press, 1994, p. 122.

⑥ Jawaharlal Nehru, *The Discovery of India*, New Delhi: Oxford University Press, 1994, p. 123.

21世纪以来，印度政界高层对《政事论》的兴趣也日渐浓厚。2002年，印度外交部长亚什万特·辛哈在伦敦的国际问题研究所（IISS）发表演讲，表示“正如憍底利耶所谈论的列国圈一样，将印度对外政策视为围绕中轴的三圈，有助于人我们理解印度外交：第一圈是我们的近邻、第二圈是更宽广的世界、第三圈是全球问题”。[①] 他说：憍底利耶可能是古印度最伟大的战略思想家……仔细考察就可以发现，两千年来并未发生多大的变化，国家间关系仍然在很大程度上立足于憍底利耶所阐述的六策之上。我们生活在战略不确定性的时代，国家间的冲突仍然是生活的现实。改变了的，是我们发动战争或寻求和平的手段。[②] 前国家安全顾问迪克西特（J. N. Dixit）同样颇为推崇憍底利耶，认为其治国思想足以给马基雅维里上一两课。[③] 另一位国家安全顾问希夫尚卡尔·梅农在任期间多次公开讨论《政事论》的当代价值，连续三次出席印度最重要的战略与外交问题智库国防分析研究所（Institute for Defense Studies & Analysis，简称IDSA）召开的相关研讨会并做主旨发言。梅农的看法是：《政事论》思想的当代价值在于，我们所处的时代与两千多年前的印度极为相似，多国并存的现代国际社会非常类似于古印度，因此《政事论》思想将提供必要的启迪，只要这种国际格局不发生根本变化，《政事论》的价值就永不过时。[④] 国防分析研究所所长（后

---

① Yashwant Sinha, "Future Directions of India's Foreign Policy," *Outlook*, October 31, 2002.

② Yashwant Sinha, "Future Directions of India's Foreign Policy," *Outlook*, October 31, 2002.

③ P. K. Gautam, *One Hundred Years of Kautilya's Arthasastra*, Institute for Defence Studies and Analyses, July 2013, p. 21.

④ Pradeep Kumar Gautam, Saurabh Mishra and Arvind Gupta (eds.), *Indigenous Historical Knowledge: Kautilya and His Vocabulary* (Vol. 2), Pentagon Press, 2016, pp. xvii – xix.

出任副国家安全顾问）阿尔文·古普塔（Arvind Gupta）也盛赞《政事论》，称其“曼荼罗”理论以微妙的方式展现了结盟思想，其外交六策的理论为国家的外交政策提供了健全的概念架构，四种战略手段作为当下的国家政策手段，仍不无借鉴意义，书中的间谍思想在当下尤其令人感兴趣。① 有趣的是，无论是梅农还是国防分析研究所的学者，都非常喜欢在探讨古典文献外交思想之时对中印两国的研究进展进行对比，认为中国在这方面已取得较多进展，印度理应奋起直追。② 还有一批研究对中印两国现实主义古典思想本身的对比表现出浓厚兴趣，将《政事论》与《商君书》《韩非子》《孙子兵法》等进行初步对比，如印度前外秘萨仁山认为韩非子的学说与《政事论》有共通之处。③

① Pradeep Kumar Gautam, Saurabh Mishra and Arvind Gupta (eds.), *Indigenous Historical Knowledge*: *Kautilya and His Vocabulary* (Vol. 3), Pentagon Press, 2016, p. xvi.

② P. K. Gautam, *One Hundred Years of Kautilya's Arthasastra*, Institute for Defence Studies and Analyses, July 2013, pp. 16, 18 – 19.

③ Shyam Saran, *How India Sees the World*: *From Kautilya to 21st Century*, Juggernaut Books, 2017, p. 119. 将《政事论》外交思想与中国古典外交思想进行比较，一般是与法家或兵家进行比较，因为他们对权力的偏好、冲突的倾向、人性的悲观态度等显然更为接近。相关研究可参见 Roger Boesche, "Kautilya's 'Arthashastra' and the Legalism of Lord Shang," *Journal of Asian History*, Vol. 42, No. 1, 2008, pp. 64 – 90. Roger Boesche, "Han feizi's Legalism versus Kautilya's Arthashastra," *Asian Philosophy*, No. 2, 2005. K. N. Ramachandran, "Sun Zi and Kautilya: Towards a Comparative Analysis," *Strategic Analysis*, Vol. 38, No. 3, 2014, pp. 390 – 408. Giri Deshingkar, "Strategic Thinking of Kautilya and Sun Zi," *China Report*, Vol. 32, No. 1, February 1996, pp. 1 – 13. Anusmita Dutta and Manish S. Dabhade, "Diplomatic Theory of Kautilya and Sun Tzu: Assessing Interpretations," *International Studies*, Vol. 51, No. 1 – 4, January 2014, pp. 162 – 179. 也有部分研究认为，《政事论》与儒家有一定的共通之处，特别是二者对国家权力要素的考察均包括了精神要素而不是纯粹的物质主义，有些看法甚至认为《政事论》相当于中国的法家和儒家合二为一。参见 Narasingha Sil, "The Analect and the Arthaśāstra: Kongzi of Zhou China and Kau Kau ṭilī ilya of Maurya India Compared," *SAGE Open*, Vol. 7, No. 4, October 2017, p. 1。

印度历史学界运用《政事论》资料从事印度古代史研究已有几十年，积累了极为丰硕的成果。① 近年来，国际关系与战略学界对憍底利耶及其《政事论》的兴趣也日渐浓厚。特别重要的是，印度最主要的防务与国际关系智库国防分析研究所为研究《政事论》的外交与战略思想，专门设立了“本土历史知识”研究项目，从2012年前后开始开展工作，具体包括举办讲座、小型研讨会等13次，全国性会议3次，国际会议2次等。国防分析研究所的项目引起了较大的国际反响，先后有德国海德堡大学南亚研究所、新加坡国立大学南亚研究所加入合作。2016年2月，在新加坡召开了“印度现代国家的由来：憍底利耶、马基雅维里、尼扎姆·穆尔克、巴拉尼与孙子之比较”国际研讨会。项目已刊发若干专题论文和评论，在2015年和2016年出版3册论文集（分别收录3次大型会议的论文），另

---

① 比如《高级印度史》（英文原版1946年出版）将《政事论》称为详细记载孔雀王朝行政制度的三种文献之一，以《政事论》为资料讨论了孔雀王朝的行政管理与官僚制度［R. C. 马宗达等著，张澍霖等译：《高级印度史》（上册），商务印书馆1986年，第136—141页］。《印度文化史》（英文原版1975年出版）指出根据《政事论》，从农业到赌博到卖淫的一切活动，国家均可征税，比如《政事论》详细列举了生产和销售不同阶段的许多种商品税（A. L. 巴沙姆主编，闵光沛等译：《印度文化史》，商务印书馆1997年版，第55—58、181—206页）。《印度古代文化与文明史纲》（英文原版1977年出版）将《政事论》（译文作《利论》）称为研究印度古代政体和行政制度的主要资料，以6页的篇幅探讨了《政事论》本身及其蕴含的政治、社会与土地管理思想。作者指出《政事论》最终被埋没的原因是后来形成了一个完全不同的社会构成，导致其理论不再适用。（D. D. 高善必，王树英等译：《印度古代文化与文明史纲》，商务印书馆1998年版，第159—165页）。

有5本相关专著问世。①

值得一提的是，印度还有一批前政府高官和情报官员在2016年建立了阇那迦战略研究中心（Chanakya Center for Strategic Studies，CCSS），前国家安全副顾问兼联合情报委员会主任普拉丹（S D Pradhan）任主任。中心发行政策季刊《阇那迦》（*Chanakya*），前印度情报局长和联合情报委员会主任任编委会主任，前国防秘书、前国防学院院长、前印度政府经济顾问等任委员，中心主任兼主编。②

印度学者对《政事论》外交思想的兴趣也日渐浓厚。不少研究人员对其国内薄弱的《政事论》研究颇为不满，认为原因在于印度的国际关系研究具有现代史主导、地区研究主导和非理论化等三种不良倾向；也有人指出印度学日渐萎缩导致对《政事论》的文献研究不足，制约了进一步的理论研究。③ 近年来，印度学界对《政事论》国际政治与战略思想的研究明显升温，形成一个不大不小的高潮，其原因可概况为以下三点。

---

① 分别是 Pradeep Kumar Gautam，Saurabh Mishra and Arvind Gupta（eds.），*Indigenous Historical Knowledge*：*Kautilya and His Vocabulary*（Vol. 1），Pentagon Press，2015. Pradeep Kumar Gautam，Saurabh Mishra and Arvind Gupta（eds.），*Indigenous Historical Knowledge*：*Kautilya and His Vocabulary*（Vol. 2），Pentagon Press，2016. Pradeep Kumar Gautam，Saurabh Mishra and Arvind Gupta（eds.），*Indigenous Historical Knowledge*：*Kautilya and His Vocabulary*（Vol. 3），Pentagon Press，2016. P. K. Gautam，*One Hundred Years of Kautilya's Arthasastra*，Institute for Defence Studies and Analyses，July 2013. P. K. Gautam，*Kautilya's Arthashastra Contemporary Issues and Comparison*，Institute for Defence Studies and Analyses，October 2015. Pradeep Kumar Gautam，*Understanding Dharma and Artha in Statecrat through Kautilya's Arthashastrra*，Institute for Defence Studies and Analyses，July 2016. Michael Liebig and Saurabh Mishra（eds.），*The Arthasastra in a Transcultural Perspective*：*Comaring Kautilya with Sun-Zi*，*Nizam al-Mulk*，*Barani and Machiavelli*，Pentagon Press，2017. Pradeep Kumar Gautam，*The Nitisara by Kamandaki*：*Continuity and Change from Kautilya's Arthashastra*，Institute for Defence Studies and Analyses，March 2019。

② 详见中心官网：https：//chanakyacentre. com/about-us. html。

③ P. K. Gautam，*One Hundred Years of Kautilya's Arthasastra*，Institute for Defence Studies and Analyses，July 2013，p. 64.

首先，印度发展迅速，对自己丰厚的历史文化遗产日渐自信，国内外对其传统思想和经典文献的研究越来越多，《政事论》是如此，其他文献的情况也类似。就此而言，《政事论》受重视并非特例。印度不少学者认为本国的传统政治思想没有得到足够重视，颇有不平之感。比如印度研究人员高塔姆（P. K. Gautam）非常骄傲地表示，《政事论》是世界上最古老、最全面的治国、外交、战争、和平、情报、安全与政治经济事务的专论，[①] 又借德国学者迈耶（Johann Jakob Meyer）之口指出《政事论》不是一本书，而是古印度的图书馆，[②] 理应深入研究。

其次，当今国际体系颇为类似于2000年前憍底利耶时代的古印度，都处于多国并存、大国小国并列的格局。不少研究者相信，《政事论》思想将在这一时代找到用武之地。国家安全顾问梅农特别强调，印度古典外交思想的经验可能比中国古代的外交思想更适应当今的时代，因为中国长期处于大一统状态，与周边国家处于等级式的关系；而印度本土则长期处于多国并存的状态，最高权威很多时候并不存在。另据梅农表示，《政事论》思想在某些方面甚至可能比构成现代国际关系基础的威斯特伐利亚主义更符合当下的国际关系实践，原因在于：威斯特伐利亚体系将国家主权绝对化、理想化，已不符合当今世界技术高度发达、国界渗透、国家不再完全垄断暴力手段的实际情况；冷战后的国际体系走向多极化也更为接近憍底利耶的时代。[③]

① P. K. Gautam, *One Hundred Years of Kautilya's Arthasastra*, Institute for Defence Studies and Analyses, July 2013, p. 7.

② P. K. Gautam, *One Hundred Years of Kautilya's Arthasastra*, Institute for Defence Studies and Analyses, July 2013, p. 8.

③ Pradeep Kumar Gautam, Saurabh Mishra and Arvind Gupta (eds.), *Indigenous Historical Knowledge: Kautilya and His Vocabulary* (Vol. 3), Pentagon Press, 2016, pp. xvii-xviii.

最后，很多研究人员认识到，西方国际关系学的建立和发展一直得益于深厚的历史传统，直接受惠于《历史》（*The Histories*，又译《希腊波斯战争史》，希罗多德）、《伯罗奔尼撒战争史》（*The Peloponnesian War*，修昔底德）等古典著作，以及近代的《利维坦》（*Leviathan*，霍布斯）、《君主论》（*The Prince*，马基雅维里）、《政府论》（*Concerning Civil Government*，约翰·洛克）、《永久和平论》（*Perpetual Peace*：*A Philosophical Sketch*，伊曼纽尔·康德）等著作的滋养。① 与之相对的是，印度长期以来对本国外交的研究完全着眼于1947年独立之后（原因包括文献不足、近代丧失独立等，但主观上忽略古典外交也是重要原因），对自身古典文献的研究也很少。很多印度学者反思之后，转而积极从印度本土的思想与历史之中汲取营养，试图从中发掘体现印度特点的独特外交思想（毕竟西方研究也将《政事论》称为最早的国际关系现实主义理论作品），以加速本土国际关系学的发展。这与近年来中国学者呼吁建立国际关系理论的中国学派，试图深入发掘本土文献与东亚历史中的国际关系思想资源，是相当类似的。

尽管对《政事论》国际政治思想的研究已取得一定进展，但相关工作仍处于起步与开拓阶段，有待探索的领域还有很多。印度不少学者抱怨《政事论》未得到公正对待，声称原因之一是并不正确

---

① Herodotus, *The Histories*, G. C. Macaulay (translated), Barnes & Noble Classics, August 2005. Thucydides, *The Peloponnesian War*, Donald Kagan (translated), Penguin Books, April 2004. Thomas Hobbes, *Leviathan*, C. B. MacPherson (translated), Penguin Classics, February 1982. Niccolo Machiavelli, *The Prince*, William J. Connell (translated), St. Martin's, January 2005. John Locke, *Two Treatises of Government*, Merchant Books, April 2011. Immanuel Kant, *Perpetual Peace*, FQ Classics, June 2007.

的宗教偏见，[1] 认为不少人将《政事论》视为“印度教的”（Hindu）政治思想，甚至错误地认为憍底利耶是一名婆罗门，其著作体现婆罗门思维，既不能代表其他宗教的思想，也不代表印度古典思想，更不代表刹帝利等其他阶层。[2] 的确，研究《政事论》思想的早期文献大多使用 Hindu Thought of Politics，Hindu Theory of International Relations 等表述。不过 Hindu 一词本来就有印度和印度教两种理解方式。也有学者指出，对憍底利耶的婆罗门身份其实不必过度纠结，因为婆罗门既是种姓身份，也是学问阶层的名称，在古印度，婆罗门的职责就是掌握学问，但这并不意味着这些学问只反映婆罗门的观点。[3] 此外，憍底利耶作为政治思想家的身份得到佛教和耆那教文献的承认，说明憍底利耶的思想是不以宗教划限的。

（二）西方对《政事论》的研究

扩大视野可发现，西方国家对《政事论》同样是高度重视的。该书早在重见天日仅 10 年的 1915 年就出现首个英文全译本并得到西方研究者的广泛关注，20 世纪 20 年代就有德文译本，至今已有若干英译本（包括全译本、节译本、选编本、校注本），而其他欧洲语言的全译本、节译本也出版了不少。以上述译本为基础，西方学者已做出较多研究并出版或发表了不少相关著作和研究论文。这些研

---

① P. K. Gautam, *One Hundred Years of Kautilya's Arthasastra*, Institute for Defence Studies and Analyses, July 2013, pp. 83 – 87.

② Michael Liebig and Saurabh Mishra, "Introduction," in Michael Liebig and Saurabh Mishra (eds.), *The Arthasastra in a Transcultural Perspective: Comaring Kautilya with Sun-Zi, Nizam al-Mulk, Barani and Machiavelli*, Pentagon Press, 2017, p. 15.

③ P. K. Gautam, *One Hundred Years of Kautilya's Arthasastra*, Institute for Defence Studies and Analyses, July 2013, p. 84.

究主要集中在文献学、历史学、政治学领域，一般认为《政事论》体现出极为鲜明乃至过分的现实主义倾向，马克思·韦伯（Max Weber）甚至表示“与《政事论》的主张比起来，《君主论》简直可谓‘无害’了”，[①] 颇有小巫见大巫的感慨。国际关系与战略领域的学者也颇为重视《政事论》。著名国际关系学者莫德尔斯基（George Modelski）高度评价《政事论》，称之为人类清晰而抽象地思考社会与国际领域最复杂问题之能力的一座丰碑，令人印象深刻。[②] 欧美很有影响的国际关系教科书《争论中的国际关系理论》（*Contending Theories of International Relations: A Comprehensive Survey*）将憍底利耶及其《政事论》视为人类历史上对国际关系理论的早期代表性研究。[③] 近年来，一些防务教研机构也开始关注《政事论》，比如新西兰参谋学院已开设《政事论》课程。[④]

需要指出的是，《政事论》虽得到西方国际关系与外交学界的高度评价，但学界对其国际政治思想的具体内容仍少有揭示，评价笼统，大而化之，深入研究包括相互比较仍远远不够，相关研究呈波动式发展：尽管《政事论》英文版出版4年之后的1919年就有“国际政治的印度式（Hindu，或译为印度教式）理论”一文面世，但后来的跟进文献并不多。莫德尔斯基1964年刊发“憍底利耶：古代印

---

① Max Weber, "The Profession and Vocation of Politics," in Peter Lassman and Bonald Speirs (eds.), *Weber Political Writings*, New York: Cambridge University Press, 2008, p. 363.

② George Modelski, "Kautilya: Foreign Policy and International System in the Ancient Hindu World," *The American Political Science Review*, Vol. 58, No. 3, September 1964, p. 560.

③ James E. Dougherty, Robert L. Pfaltzgraff, Jr., *Contending Theories of International Relations: A Comprehensive Survey* (5th Edition), Peking University Press, September 2004, p. 8（《争论中的国际关系理论》第5版，北京大学出版社原版影印）。

④ P. K. Gautam, *Kautilya's Arthashastra Contemporary Issues and Comparison*, Institute for Defence Studies and Analyses, October 2015, p. 7.

度（Hindu）世界的外交政策与国际体系”一文，从国际关系理论的视角提出若干独到见解，① 但相关研究此后又归于沉寂。21 世纪初，一位有志于相关研究的美国学者不仅无法在美国买到《政事论》一书，而且发现在美国、加拿大和澳大利亚这三个主要英语国家甚至找不到任何研究《政事论》的专著（目前已大有改观）。他认为造成这种局面的原因包括：印度在冷战时期的国力发展较为缓慢，特别是 20 世纪 60—70 年代以后发展势头明显减弱，导致西方学界逐渐丧失了对印度研究（包括印度外交思想研究）的浓厚兴趣；冷战时代的热点问题如美苏关系、柏林危机等成为关注焦点，传统外交思想不受重视；印裔在西方影响力上升缓慢等。②

（三）中国对《政事论》的研究

相对而言，中文学界对《政事论》的研究甚至更为不足，亟需改进。首先是中文世界至今尚未公开出版《政事论》一书的全译本，甚至连节译本也没有，仅在各种研究中有某些片段性的摘录和综述。公开途径可查到，北京大学胡光利曾译有《政事论》的节译本（梵译汉），但现在在各大图书馆和新旧图书交易平台均无法找到此书，似未公开出版。北京大学朱成明 2016 年的博士学位论文“《利论》译疏”是参照多个梵语本与英译本之后的《政事论》中译本，如公开出版，将成为国内首个《政事论》全译详注本，但遗憾的是该书

---

① George Modelski, “Kautilya: Foreign Policy and International System in the Ancient Hindu World,” *The American Political Science Review*, Vol. 58, No. 3, September 1964.

② Roger Boesche, *The First Great Political Realist: Kautilya and His Arthashastra*, Lexington Books, 2002, pp. ix – xi. Boesche 同时指出，美国学界 20 世纪五六十年代对印度兴趣大增的原因在于，其认为印度的西式民主和混合经济或许可提供一个不同于苏东与中国的新兴国家样板。一旦这种希望破灭，美国学界对印度研究的兴趣也就大幅下降了。

到2019年11月尚未出版，参考不易。山东大学张淑兰及其团队近年来积极关注《政事论》，正组织队伍翻译该书，但似乎尚未完成。

其次是迄今尚无对该书的研究专著，甚至专题研究论文也非常少，目前可见的中文期刊文章仅4篇，分别是“《政事论》思想与策略”（晋劼，《南亚研究》1986年第4期，第10—17页）、“《政事论》描述的究竟是什么样的国家”（廖学盛，《史学理论研究》1993年第4期，第160页），“《政事论》与印度外交战略的古典根源”［张金翠，《外交评论》（外交学院学报）2013年第2期，第119—130页］和“从《政事论》看印度国际战略思想根源”（王燕，《山西青年》2016年第3期）。晋劼文主要借助《政事论》来讨论印度古代国家的性质和治国之策，对外交思想涉及不多。廖学盛文并非研究论文，而是对俄罗斯学者观点的摘编，篇幅仅一页，主旨是原作者对此前流行的各种观念（如《政事论》说明古印度已建立集权国家）进行驳斥。需说明的是，现有研究确实存在迷信文本，将现代或西方观念直接套用到古印度头上，翻译用语过于现代化并导致误解等问题。特别是过度依赖单一文本的问题，在史学领域本是大忌，学者一般会自觉避免。然而，印度早期政治文献本就不多，历史记载更是极不充分，这就迫使学者自觉或不自觉地高度依赖《政事论》。这也是印度古代史研究的无奈之处。因此，上述驳正是很有必要的。张金翠文是目前中国大陆唯一一篇讨论《政事论》外交思想的专题期刊论文。全文从政治现实主义的角度透视《政事论》，并侧重世俗政治观、权力政治观、全面战争论、非伦理政治观四个方面，同时重点研究了“曼荼罗”思想为代表的外交政策理论，剖析了印度外交政策的古典渊源。王燕文从“曼荼罗”理论模型、轮辐结构、情报密探系统、道德伦理定位等4个方面极为简略地梳理了《政事论》的一些观点。此外，还有工具书性质的《外国重要军事著作导读》（刘庆主编，军事科学出版社 1992 年版）为《政事论》撰写了 800 字左右的导读，一些工具书收录了相关词条。[1]

最后是对《政事论》国际关系与外交思想的研究基本尚未展开。中国学界很早就开始用《政事论》从事印度古代史研究，认为其具有重要的文献价值。如《印度古代社会史》认为《政事论》表达了成熟的国家理论，并运用这一资料详细讨论了孔雀王朝的军事征服、国家管理等，认为孔雀帝国实行家长式统治，政府拥有全权，也承担很大责任。[2]《印度古代文化史》将《政事论》称为孔雀王朝政治的四种参考资料之一。在第四章即“孔雀王朝时期的文化”中参考《政事论》详细考察了孔雀王朝的政治管理、司法与密探、军事、工商业、奴隶制、种姓制度、婚姻与妇女等问题。[3]

影响很大的全国大学通用教材《世界通史》（上古部分）（周一良、吴于廑主编，1962 年 10 月初版，此后反复修订再版，在中国大学通用多年，1988 年获国家教委高校优秀教材一等奖）认为，《政事论》虽将古代印度政治经济制度理想化，但仍是研究孔雀王朝时期历史的重要依据。该书据《政事论》和其他材料指出：在孔雀王朝之前的古印度，国王已掌握国家的军事、行政、司法等最高权力，贵族会议进行咨询，名为“帕利沙德”。国王之下，有行政长官、军事长官和称为“普罗希多”的祭司长老。国王有秘使遍布各地，控制地方军政要务。首都因工商业发达，管理机构分为 6 个部门，分别掌管手工业、外族居民、为征收人头税而进行的人口生卒登记、

---

① 如《东方文化词典》《法学大辞典》《北京大学法学百科全书》《中国军事后勤百科全书·后勤理论卷》《大学历史词典》有“政事论”词条。《南亚大辞典》《外国历史名人传·古代部分（上册）》《中外历史人物词典》《丝绸之路大辞典》《中华实用法学大辞典》《世界法学名人词典》等有“考底利耶”词条。

② 刘欣如：《印度古代社会史》，中国社会科学出版社 1990 年版，第 99—110 页。

③ 薛克翘：《印度古代文化史》，中国大百科全书出版社 2016 年版，第 70—79 页。

商业与度量衡、产品销售和商品什一税等事务。乡村也设置官员，管理河渠，丈量土地，监督河渠闸门的启闭，并向农民、牧民等征税……陆军包括步、骑、车、象四个主要兵种，每一兵种都有其管理制度和指挥机构。《世界通史》还指出，《政事论》先后提到统称为“达萨”（Dasa）的人群达14种之多，据此论断当时的印度是奴隶制社会。① 吴于廑、齐世荣主编的《世界史·古代史编》是另一部影响很大的大学历史教材。该书（上卷）积极运用《政事论》来说明孔雀王朝及之前的印度经济与社会情况。比如对于土地制度，该书认为国王可赐予婆罗门土地，这种土地不仅免除赋税，并且可以继承；赐予各种官吏的土地则无权以出卖、抵押等形式转让。该书详细讨论了农村土地买卖的规则并指出，即使有土地转让，但村子的公社整体并无变化，对国家纳税的义务也无变化。② 影响颇大的《印度史》大量引用《政事论》来说明孔雀王朝时期印度的集权式政治制度和农业与工商业发展情况。③《印度政治文化传统研究》则指出《政事论》思想带有浓厚的全能主义色彩。④

各家对印度古代奴隶制的讨论往往重点参考《政事论》。《印度社会述论》引《政事论》将奴隶视为“两条腿的牲畜，与四条腿的并列”为例来说明印度奴隶社会的面貌。⑤《世界史·古代史编》（上卷）认为根据《政事论》记载，孔雀帝国已建立由奴隶、雇工

---

① 周一良、吴于廑主编：《世界通史》（上古卷）（本卷由齐思和主编），人民出版社1973年版，第279—280、282页。

② 吴于廑、齐世荣主编：《世界史·古代史编》（上卷），高等教育出版社1994年版，第149—151页。

③ 林承节：《印度史》，人民出版社2004年版，第42—49页。

④ 张弛：《印度政治文化传统研究》，中国政法大学出版社2014年版，第27—32页。

⑤ 陈峰君主编：《印度社会述论》，中国社会科学出版社1991年版，第18页。

和囚徒劳动的农庄；指出当时奴隶制已发生一些新变化，如雅利安人沦为奴隶的现象受到限制，奴隶的地位有了一定改善等。① "古代印度社会几个问题"一文认为，《政事论》指出"王庄的农业监督人'应该用奴隶、雇工和罪犯在多次犁过的王田上播种。'"该文强调这段记述是证明古代印度存在生产奴隶的最明确资料，同时又指出该书搀杂许多作者的理想和建议，不能完全视为信史，所论是现实存在还是主观建议尚难以确定。②

与上述较为丰富的史学研究相比，学界对《政事论》外交思想的认识仍相当含糊，集中的研究仅有以上提到的张金翠文一篇，以及一些国际关系和政治学研究生学位论文有深浅不一的探讨，其余主要是一些零星的介绍、评析，实质性的研究与比较开展得不多。

（四）现有研究路径小结

综合以上探讨可知，对《政事论》国际政治思想的已有研究主要有以下几种路径。第一是发掘、清理《政事论》的国际政治思想。这种研究侧重于从《政事论》的庞杂文本中整理出国际政治方面的相关内容，相关工作的数量是比较大的，积累几十年之后已有不少重复。第二是将其与东西方其他思想家政治家及相关文本相互比较，探索其异同，主要集中在政治思想、外交政策、战争行为等三方面。与西方较多的是与马基雅维里、霍布斯等现实主义者乃至俾斯麦等政治家的比较，也有与柏拉图甚至亚里士多德等西方政治学鼻祖的

① 吴于廑、齐世荣主编：《世界史·古代史编》（上卷），高等教育出版社 1994 年版，第 149—151 页。

② 崔连仲："古代印度社会几个问题"，《世界历史》1985 年第 1 期，第 3 页。

比较。与东方的比较则主要集中于韩非、商鞅等法家人物或孙子等兵家人物。第三是将《政事论》思想作为模型来讨论当代战略问题，具体做法是，将书中的一系列概念用类似的现代观念加以改造和重新表述，以此谋求新旧思想的对接，实现理论的现实应用。比如，有研究将《政事论》中的国家七要素即君主、辅臣、国土、要塞、财富、军队和盟友，分别诠释为政府首脑、政府等。第四是研究《政事论》与企业管理、战略规划、人际关系管理等方面的关系，类似于中国近年来出版较多的“孙子兵法与企业管理”“商战兵法”“曹操的管理之道”之类的图书。①

第五种即最后一种思路颇为有趣，即直接用《政事论》来分析当代国际关系。早在《政事论》英文版出版4年后的1919年，就有印度学者萨卡尔（Benoy Kumar Sarkar）运用“曼荼罗”理论来分析国际局势，认为在当时德法对立的情况下，德国将与英国和西班牙结盟、与俄国敌对、与俄国背后的中国结盟，法国则会与英国敌对、与英国背后的苏格兰结盟（作者这里将英格兰和苏格兰分别看待）、与俄罗斯结盟、与俄罗斯背后的中国敌对。② 现在也有一些分析试图

---

① 如张瑾编著：《赢道：孙子兵法与现代企业管理制胜谋略》，中国社会出版社2015年版。吕叔春：《商战韬略与孙子兵法》，中国物资出版社2004年版。冯建、王正好、李腾飞：《三国商道：知资本规则争胜未来》，西南财经大学出版社2014年版。史哲：《跟曹操学管理》，中国三峡出版社2011年版。赵玉平：《跟司马懿学管理》，电子工业出版社2011年版。这种做法在英语文献中也是较为常见的，可参见如下出版物：Radhakrishnan Pillai, *Corporate Chanakya: Successful Management the Chanakya Way*, Jaico Publishing House, August 30, 2010. Radhakrishnan Pillai and Sivanandhan, *Chanakya's 7 Secrets of Leadership*, Jaico Publishing Hous, Apr. 8, 2015. C. T. William, *Kautilya Unleashed: The Philosophy of HRD and Arthashastra*, PartridgeIndia, Oct. 8, 2014. P. Shashi Rekha, *The Ancient Indian Administration with Special Reference to Arthasastra, Manu and Yajnavalkya*, Cosmo Publications, May 8, 1996。

② Benoy Kumar Sarkar, "Hindu Theory of International Relations," *The American Political Science Review*, Vol. 13, No. 3, 1919, pp. 400 – 414.

用“曼荼罗”理论来分析印度的对外政策，主要是对华、对巴和对南亚国家的政策，以及在克什米尔和东北地区的安全政策。[①] 不过，这种路径争议颇多。比如刚才对欧洲局势的分析，显然与后来的发展大相径庭。又比如，一些用《政事论》分析印巴关系、中印关系的研究，颇多牵强附会之处。印度国家安全顾问梅农指出，这种直接套用《政事论》思想的研究，其结论不太会与已有结论有大的差异。[②] 应该说，这一评价是较为中肯的。

五、对憍底利耶思想的评价

印度和西方都特别流行将憍底利耶的思想和西方的马基雅维里、霍布斯等人进行比较，学者有时还会就孰优孰劣的问题展开辩论。不少西方学者认为，尽管马基雅维里被视为无视道德伦理的权力政治大师，但他远没有憍底利耶极端，憍底利耶才是真正的非道德主义者。有些研究直言，憍底利耶的“箴言”甚至比马基雅维里在《君主论》中提出的那些阴谋诡计还要有过之而无不及，[③] 比较而言，马基雅维里仍可算是相对克制的。此外，马基雅维里虽被视为

① Masood Ur. Rehman Khattak, “Indian Strategic Thinking: A Reflection of Kautilya's Six-Fold Policy,” *Eurasia Review and Analysis*, http://www.eurasiareview.com/29032011-indian-strategic-thinking-a-reflection-of-kautilyas-six-fold-policy-analysis/. Kaushik Roy, “Just and Unjust War in Hindu Philosophy,” *Journal of Military Ethics*, Vol. 6, No. 3, 2007, pp. 232 – 245.

② IANS, “Chanakya's Arthashastra Relevant to Understand Strategic Culture: Shivshankar Menon,” *India Today*, October 9, 2013.

③ 赫尔曼·库尔克、迪特玛尔·罗特蒙特著，王立新、周红江译：《印度史》，中国青年出版社2008年版，第76页。

政治权术的鼓吹者，但其本人其实极为青睐古罗马共和制度，执着于传统的“荣誉”，或许这也是其对暗杀、投毒等手段有所顾忌的原因。① 因此，就伦理高度而言，马基雅维里要优于憍底利耶。

这里要指出的是，或许时代特征能够比道德偏好更好地解释憍底利耶和马基雅维里在道德问题上的差异。憍底利耶时代先后有十六雄国（Mahajanapadas）相互攻伐、亚历山大东征、摩揭陀王权易手、摩揭陀攻灭列国并统一印度等历史事件，这种列国相互吞并、以死相博的时代特征，与马基雅维里时代的欧洲列国虽斗争激烈，但国家生存基本有保障的情况是完全不同的。在民族国家体制已经巩固的欧洲，其国家的生存危机要远低于十六雄国时代的印度，比如德国、法国、西班牙都多次战败，但并无亡国灭种的危险。这或许有助于解释何以憍底利耶显得非常极端，而马基雅维里反倒相对温和。

不过，在西方和印度都有学者认为，如果抛开伦理因素不论，则憍底利耶要远比马基雅维里伟大。不少学者尤其是印方学者对“印度的马基雅维里”这一称呼颇不以为然，认为这对憍底利耶很不公正，是西方中心主义的体现。如阿查里雅（Amitav Achary）批评人们思维定式一般地“将憍底利耶称为印度的马基雅维里，而不是将马基雅维里称为欧洲—地中海地区的憍底利耶”，认为这妨碍了对

① 马基雅维里的《李维史论》被视为《君主论》的姊妹篇，两书共同构成马基雅维里政治观的两个方面。《君主论》讨论的主题是，意大利由于腐败盛行，加之内忧外患的混乱状态，不得不采取君主制政体；《李维史论》则着重阐扬作者理想的以古罗马共和国制度为楷模的共和制。见潘汉典译《君主论》之译者序（尼科洛·马基雅维里著，潘汉典译：《君主论》，商务印书馆 1986 年版，第 xiv 页。）

非西方思想的理论概括。[①] 做出这一论断的依据可概括为如下四点。

首先，从原创性和影响力来看，憍底利耶最早系统地提出了现实主义政治思想，时间比马基雅维里早了近两千年。[②]《君主论》全书译为汉语不超过 8 万字，而《政事论》译为汉语当不下于 35 万字，其篇幅相当于《君主论》的四五倍，更影响印度政治思想的发展近两千年，这种影响力是《君主论》难以媲美的。

其次，从实践的角度来看，憍底利耶策划推翻了难陀王朝，协助创建了孔雀王朝，为印度历史上第一个统一大帝国奠定了基础，据说旃陀罗笈多也由其一手扶上王位，[③] 可谓功业卓著。而马基雅维里则相形见绌，他一生郁郁不得志，虽短暂参与了佛罗伦萨政务，却很快失势下台，四处流亡。他在流亡期间撰写了《君主论》一书，希望此书有助于意大利实现统一。但在生前，他的著作不受重视，观点无从实践，统一的愿望也未能实现。憍底利耶促成了一个大帝国的统一，而马基雅维里甚至连统一意大利的愿望都未能实现。从这一意义来说，憍底利耶称得上成功的政治家，而作为政治家的马基雅维里则难以称为成功者。

再次，憍底利耶的理论视野比马基雅维里更为宽广。尽管西方将《政事论》称为最早的现实主义文献，有研究甚至将憍底利耶称为第一位现实主义者，[④] 但很多研究认为这种界定并不确切，认为

---

① Amitav Acharya, "Dialogue and Discovery: In Search of International Relations Theories Beyond the West," *Millennium: Journal of International Studies*, Vol. 39, No. 3, 2011, pp. 619 – 637.

② 马基雅维里的代表作《君主论》1532 年出版，而《政事论》约成书于公元前 4 世纪末。

③ Roger Boesche, *The First Great Political Realist: Kautilya and His Arthashastra*, Lanham: Lexington Books, 2002, pp. 9 – 10.

④ Roger Boesche, *The First Great Political Realist: Kautilya and His Arthashastra*, Lanham: Lexington Books, 2002.

《政事论》的视野要宽广得多，兼顾权力与伦理，兼具现实主义和理想主义的特质，更重要的是，憍底利耶不仅是国际关系思想家，更对政治经济各领域都有较完整的思考，而马基雅维里的思考领域更为狭窄，基本未涉及经济等问题。①

最后，即使仅就现实主义政治思想而言，《政事论》也比马基雅维里涉及的面更广，论述更为彻底、更为坦率，当然也更为极端。《政事论》讨论的内容涉及君主、辅臣、王储、王储的培养、后宫、要塞建设、军队建设、对外关系、同盟、军备、税收等方面。而《君主论》主要讨论君主国的种类及治理、军队的种类与运用、君主的道德准则、为君之道、意大利统一之道等。显然，《政事论》的内容有很多都是《君主论》未曾讨论的。

有趣的是，有人因憍底利耶作为伟大的现实主义者未得到充分承认而不平，也有人因憍底利耶被称为现实主义者而不平。具体而言，一些研究指出，憍底利耶"漠视道德"的看法是站不住脚的，因为很多广为流传的信息并无可靠出处。比如，一则流传颇广的故事称，憍底利耶收养了一名女子，将其培养成专事毒杀的"毒女"。此说来源于戏剧《指环印》（*Mudra Rakshasa*），实属夸大其词的戏剧手段。② 还有研究煞费苦心地为憍底利耶辩诬，反复强调应全面评价憍底利耶，认为很多流行看法，如敌人的敌人即为朋友的"曼荼罗"理论、权力至上的非伦理政治观，都属于读者过度简化憍底利耶思想之后强加在其身上的不实之词。③ 的确，憍底利耶的行文不乏

① P. K. Gautam, *One Hundred Years of Kautilya's Arthasastra*, Institute for Defence Studies and Analyses, July 2013, p. 89.

② P. K. Gautam, *One Hundred Years of Kautilya's Arthasastra*, Institute for Defence Studies and Analyses, July 2013, p. 95.

③ P. K. Gautam, *One Hundred Years of Kautilya's Arthasastra*, Institute for Defence Studies and Analyses, July 2013, pp. 97 – 99.

矛盾之处，虽然大多数行文都具有强烈的现实主义气息，但也能找到不同的观点。这也给不同甚至是相互矛盾的解读创造了空间。不过要指出的是，这些不一致之处的分量并不相同：现实主义思路出发的讨论数量多、篇幅大、分析详细、反复出现，而另一种思路则多属浮光掠影、点到为止，将二者等量齐观恐怕并不合适。

最后简单谈一下憍底利耶的归宿。根据一些说法，憍底利耶在孔雀王朝巩固之后主动隐退，以婆罗门的理想模式即林栖修行终老。[1] 憍底利耶的事迹虽未必确切，却流传甚广，最重要的原因之一恐怕是他与旃陀罗笈多的相互关系较充分地体现了种姓关系的理想化模式：婆罗门（憍底利耶）担任精神导师和政策顾问；刹帝利（旃陀罗笈多）主管国事并征战四方，但对婆罗门的建议言听计从，在其指导下终成霸业；尽管位高权重，作为婆罗门的憍底利耶却毫不贪恋权位，主动归隐。以上种种简直是种姓秩序的完美实现，或许也是憍底利耶所追求的理想归宿吧。

---

① Narasingha Sil, "The Analect and the Arthaśāstra: Kongzi of Zhou China and Kauṭilīlya of Maurya India Compared," *SAGE Open*, Vol. 7, No. 4, October 2017, p. 5.

第二章 《政事论》的国家七要素论

《政事论》在国家与政治领域提出一系列有影响力的思想，涉及国家权力、国际体系、外交战略、结盟政策等。印度学者高塔姆（P. K. Gautam）将其概括为四策略（Upaya）、七要素（Prakrti）、外交六策（Sadgunya）、“曼荼罗”（Rajmandala）十二成员、三种胜利模式（Vijay）、三种战争模式（Yuddha）（4U、7P、6S、12R、3V、3Y），合称 UPSRVY 组合。[①] 本章将梳理《政事论》所蕴含的国家论即七要素学说（Sapta Prakrti），探析其具体内涵，为进一步的探讨奠定基础。

国家七要素说并非《政事论》的原创，而是当时较为普遍的政治观点，但《政事论》的讨论特别详细集中，具有独特的价值。《政事论》对七要素的界定是：君主（swami）、辅臣（amatya）、国土与居民（janapada）、要塞（durga，也有译为“堡垒”“首都”或

① P. K. Gautam, *One Hundred Years of Kautilya's Arthasastra*, Institute for Defence Studies and Analyses, July 2013, pp. 51 – 52.

“大城”的）、财富（kosa）、军队（danda）和盟友（mitra）。[①] 七要素相互配合、相互支持，但也存在相互牵制、相互抵消的可能。

一、君主

《政事论》将七要素按重要性递减来排列，将君主（swami）视为首要的国家要素。其实，整本《政事论》的撰写体系就是一本君主治国指南：首先说明君主的重要性，再论述辅臣的重要性，然后是辅臣的职能与分工，以及君主如何选拔、考验、管理辅臣；接着是国家的对内与对外事务；书中甚至花了不小的篇幅来谈论如何建筑宫殿、如何管理宫廷安全、如何培养王子、如何对付叛逆的王子等。当时的古印度列国并列，虽然也有共和制或团众制，但普遍奉行君主制，憍底利耶受教育的犍陀罗、长期为之服务的摩揭陀等都是君主国，所以《政事论》高度重视君主实属必然。实际上，《政事论》不仅讨论了君主权能本身，还详细讨论了王位继承、储君培养乃至国家权力的方方面面，更探讨了政治秩序的起源、价值等政治哲学问题，涵盖了国家论和君主论等方面的丰富内容。

---

① “《利论》译疏”使用的是国王、辅臣、群聚、要塞、库财、军队和盟王。见朱成明，前引资料，第 295 页。“世界古代军事后勤思想说要”的译法是君主、大臣、农村、卫城、国库、军队和同盟。见武文：“世界古代军事后勤思想说要”，《辽宁大学学报（哲学社会科学版）》1997 年第 2 期，第 109—112 页。康格尔使用的是 the king，the minister，the country，the fortifiedcity，the treasury，the army and the ally，见 R. P. Kangle，op. cit. ，p. 314。沙玛沙斯特里使用的是 the king，the minister，the country，the fort，the treasury，the army and the friend. 见 Shamasastry，op. cit. ，p. 371。不难看出，各家差异主要集中在 janapada 上，其他基本是大同小异或实同名异。

《政事论》关于君主的讨论内容极为丰富。国家和君主的关系是一个首要问题。《政事论》经常将君主和国家相提并论，认为是君主任命宰辅国师等臣工，规定诸部督官职守，应对发生于国家人力与物力要素的灾患，并保障两者的繁盛。[①] 作者似乎多数时候都有意无意地将君主视为国家的同义词，但细究起来仍对二者做了严格区分。《政事论》认为君主是国家的首脑而非国家本身，国家并非君主或其家族的私产，国家的利益就是君主的利益，反过来则未必成立；为了国家的长久利益，必要时完全可牺牲君主的个人利益。比如在缔结和约之时，君主如仅有能生育的独子且自己已不能再生育其他子嗣，则应亲自担任人质而不是让儿子去做人质。[②] 再比如，《政事论》明确指出无论如何也不能将未经教化的王子（哪怕是独子）扶上王位。这实际上意味着王位并非君主私产，如果君主没有合格的直系继承人，则王位继承理应更易。当然，候选人仍应产生于王族内部，因为王族的团众不可战胜。[③]

《政事论》极为重视君主及其子嗣（其中自然有储君人选）的政治素养，将其视为治国的最重要议题，对此进行了详细讨论。憍底利耶将王子分为三种：才智出众者、才智有待敲打者、心智败坏者。根据该书的定义，能将关于法与利之所学付诸实施者即才智出众者，能了解法与利却不将其付诸实施者才智有待敲打，身犯险境且憎恶法与利者可谓心智败坏。对王储必须精挑细选，只有品格良

---

① R. Shamasastry, op. cit., pp. 322 – 323. R. P. Kangle, op. cit., p. 386. 朱成明，前引资料，第 358 页。

② R. Shamasastry, op. cit., p. 317，此处使用的是 brave 一词。R. P. Kangle, op. cit., p. 377，此处使用的是 capable 一词。朱成明，前引资料，第 351 页，此处使用的是“有生育能力”。

③ R. Shamasastry, op. cit., p. 40. R. P. Kangle, op. cit., p. 43. 朱成明，前引资料，第 67 页。

好、性情友善的王子才可担任统帅或王储。[①] 不过《政事论》仍然极度重视王子的出身，甚至认为如果一定要在婚生而不够聪颖的王子和非婚生但聪慧的王子之间选择继位人，则宁可挑选前者而非后者，更公开主张婚生而不够睿智者如得到年高者协助，那么在谋略方面也可优于非婚生者。[②]

《政事论》将王子视为最重要的战略资产，而优秀的王子总是不可多得的，如果这一宝贵资产不幸在敌国充当人质，那么国家就应在必要的时候设法将其营救回国。憍底利耶为此设想了各种情境，提出各种非常戏剧化的建议。他认为，优秀的王子若有危险，侍奉王子的工匠、艺师和其他间谍就应在晚间借地下隧道将其营救出去。王子还可在夜幕之下伪装成舞者、演员、歌手、乐师等可自由出入的人员并暗中逃脱，或者在各种物品、布匹、商品、器皿的掩盖之下逃亡，甚至可伪装成仆役逃走。[③] 这里要指出的是，伪装成仆役是个很严重的问题，因为仆役一般由低种姓乃至不可接触者担任，对婆罗门和刹帝利来说，仆役身份实在是过于“污秽”，哪怕是暂时假冒也是非常“危险”的。他还可以乔装打扮成搬运工趁夜逃离，或趁夜乔装为修行者逃离，或假扮病人逃走，甚至可装成死尸由间谍带走[④]（伪装成病患或死尸也是极为“污秽”、极度危险之事）。除了隐蔽或伪装身份偷偷逃离，《政事论》还建议以编造正当理由离开

---

① R. Shamasastry, op. cit., p. 39. R. P. Kangle, op. cit., p. 42. 朱成明，前引资料，第 67 页。

② R. Shamasastry, op. cit., p. 317. R. P. Kangle, op. cit., p. 376. 朱成明，前引资料，第 351 页。

③ R. Shamasastry, op. cit., p. 317. R. P. Kangle, op. cit., p. 378. 朱成明，前引资料，第 351—352 页。

④ R. Shamasastry, op. cit., p. 318. R. P. Kangle, op. cit., p. 379。朱成明，前引资料，第 352—353 页。

住所、毒杀看守等更为激烈的方式逃离。比如，这位卓越的王子可假装在河湖沐浴再潜游远遁，或者由假扮成食品商贩或水果商贩的间谍在食品中下毒并散发给哨兵，王子可趁机逃走。更夸张的是，憍底利耶甚至提出可在向神灵和祖先献祭或举行牺牲仪式的时候，向哨兵提供混有迷醉药或毒药的稻米和饮料，或者干脆贿赂哨兵然后趁机逃离。甚至还可由间谍伪装城防官或商人，在有贵重物品的建筑或商品仓库放火，以声东击西的方式帮助王子逃脱。王子还可假死逃生，具体做法是假装住处失火并趁乱从窗户或隧道逃走。为了避免追击，可事先在屋里放置尸体来迷惑对手。为保障逃亡顺利，《政事论》还要求沿线做出妥善安排，包括由间谍假扮成山林野人并向追兵指引错误的追击路线，在路上埋伏人马伏击追兵，或在路边各处抛洒黄金或有毒食品，借此迟滞追兵。即使被追兵追上，王子也有两条路可走，或与追兵妥协，或向其提供有毒食品（毒杀对手并借此逃生）。①

与对优秀王子的高度重视截然相反的是，《政事论》对不那么出色的王子以及公主的态度极为淡漠。极端情况下甚至主张派遣私生（而不是婚生）的王子担任人质，以免失去继承的连续性。② 作者还公开表示，以公主为人质的好处胜过用王子为人质，因为公主当人质可以给对方带来麻烦，而王子担任人质则相反（会给本国带来麻烦）。③ 憍底利耶并未解释为何以公主为质可给对方带来麻烦，从全书行文逻辑推断，此处当指公主的婚姻可在敌国引发政治纠纷，本

---

① R. Shamasastry, op. cit., p. 318. R. P. Kangle, op. cit., pp. 378 – 379. 朱成明，前引资料，第 352—353。

② R. Shamasastry, op. cit., p. 316. R. P. Kangle, op. cit., p. 376. 朱成明，前引资料，第 350 页。

③ R. Shamasastry, op. cit., p. 316. R. P. Kangle, op. cit., p. 376. 朱成明，前引资料，第 350 页。

国可渔翁得利；且女子不具有王位继承权，不会直接影响本国的政治稳定。从这一点可再次看出，《政事论》对君主的高度推崇主要是将其视为国家的代表，并不是出于君主或王室本身的原因。

二、辅臣

《政事论》中详细列出担任辅臣（amatya）的二十项素养，包括富有远见、出身良好、技艺超群等，然后颇为机械化地表示，欠缺其中四分之一者可担任中品秩、欠缺其中一半者可充任下品秩。① 君主可召开辅臣会议进行咨询。憍底利耶认为三四人比较合适，特殊情况下与一二人商议甚至独断也是可以的。②《政事论》引用婆罗堕遮（Bharadvaja）的观点，认为辅臣比君主还重要，因为辅臣要承担各种职责，没有辅臣国务就难以运行，没有辅臣的君主类似于没有双翼的鸟，辅臣离德，则甚至君主自己的生命都会受到威胁。③ 憍底利耶不同意这种观点，但认为相对于民众，还是辅臣更重要，因为辅臣为一切事工之基础。④

君臣是《政事论》国家七要素中最重要的两条，七要素之间的

---

① R. Shamasastry, op. cit., p. 19. R. P. Kangle, op. cit., p. 17. 朱成明，前引资料，第 48 页。

② R. Shamasastry, op. cit., p. 33. R. P. Kangle, op. cit., pp. 34 –35. 朱成明，前引资料，第 61—62 页。

③ R. Shamasastry, op. cit., p. 322. R. P. Kangle, op. cit., p. 386. 朱成明，前引资料，第 358 页。

④ R. Shamasastry, op. cit., p. 323. R. P. Kangle, op. cit., p. 387. 朱成明，前引资料，第 359 页。

相互关系，最重要、最复杂的也是君臣关系。《政事论》的主流观点认为君主及其君位是国家的首要因素，君主重于辅臣。在这一前提下，《政事论》也承认君主必须得到辅臣的辅弼乃至匡正才能治国理政。按憍底利耶的说法，一个“盲目的”君主在特定情况下甚至可胜过一意孤行的君主，因为前者可在辅助者的帮助下遵循可取的政策，而一味违背《利论》规诫的君主会以其不义之策导致自身和王国的毁灭。[①] 尽管如此，辅臣也可能会对君主和国家构成威胁。《政事论》指出，君主之患可来自国内外两方面，而国内的祸患更为严重，其中又以辅臣导致的祸患最为严重。为了避免这种严重内患，君主应紧握军权和财权。[②] 此外，还要使用各种手段反复试探并监控辅臣。[③] 由此可知，憍底利耶虽承认辅臣的重要性，但对这一群体总体上是很不信任、充满警惕的。

三、国土与居民

《政事论》对国土与居民（janapada）的讨论值得重点分析。各家对这一要素的翻译有较大差异，英译一般直接写作国土（country），但综合上下文，其所指很多时候也涉及土地上的居民，因此一些研究又将其译为“国土与人民”，有时也译为“人民”，或译为兼

---

① R. Shamasastry, op. cit., p. 325. R. P. Kangle, op. cit., pp. 391－392. 朱成明，前引资料，第 362 页。

② R. Shamasastry, op. cit., p. 325. R. P. Kangle, op. cit., p. 390. 朱成明，前引资料，第 361 页。

③ R. Shamasastry, op. cit., pp. 19, 21－22. R. P. Kangle, op. cit., pp. 17－20. 朱成明，前引资料，第 48—51 页。

具土地与居民两意的“群聚”。[①] 为了有助于从国际政治视角进行讨论，本书选择将其译为虽稍显啰唆但浅显直白的“国土与居民”。

首先，《政事论》对优良的国土与居民条件进行了简要讨论，认为其应包括：（1）在中央和边境有险可守，毗邻皆弱国；（2）居民易为生计，灾时足以自给，物产丰饶；（3）没有淤泥、乱石、盐碱地、崎岖之地；没有贼伙与猛兽；（4）土地宜人宜居；（5）有耕地、矿藏、森林、草场等；（6）水量丰沛；（7）拥有水路和旱路；（8）足以承担课罚和税收；（9）农人勤劳，居民忠诚且品行良好，民人同仇敌忾。[②] 对以上 9 个领域稍加清理可发现，其要点主要涉及地理、物产、交通、居民及其军政能力等几方面：第三、第四、第六等三项属于一般意义上的自然地理，第二、第五项属于物产，以上又可合并为自然地理因素；第七项属于交通，第一、第八、第九项属于居民及其军政能力的范畴，可合称为人文因素。由此可见，所谓国土与居民实际上是多种元素复合而成的自然与人文综合体，且人文因素的地位极端重要：以四分法计，则地理因素和居民及其军政能力的分量基本相当（各 3 项）；以二分法计，则自然地理因素（共 5 项）和人文因素（共 4 项）分量仍基本相等。

其次，全书对优良国土与居民各因素的详细论述较为分散，但以上五、六、七点的论述相对集中一些。憍底利耶高度重视用水问

---

① Michael Liebig and Saurabh Mishra, “Introduction,” in Michael Liebig and Saurabh Mishra eds. , *The Arthasastra in a Transcultural Perspective*: *Comaring Kautilya with Sun-Zi*, *Nizam al-Mulk*, *Barani and Machiavelli*, Pentagon Press, 2017, p. 6. Subrata K. Mitra, “Kautilya Redux? Re-use, Hybridity, Trans-cultural Flow and Resilience of the State in India,” in Michael Liebig and Saurabh Mishra eds. , *The Arthasastra in a Transcultural Perspective*: *Comaring Kautilya with Sun-Zi*, *Nizam al-Mulk*, *Barani and Machiavelli*, Pentagon Press, 2017, p. 36.

② R. Shamasastry, op. cit. , pp. 263 – 264. R. P. Kangle, op. cit. , p. 315. 朱成明，前引资料，第 296 页。第 8 点沙玛沙斯特里做“能支撑大规模的军队和重税”，康格尔认为daṇḍakara中的daṇḍa不太可能是“军队”，此从康格尔说。

题，这既是农业社会的必然，也是南亚地区特殊地理与气候条件的影响所致。印度大部位于热带季风气候区，受印度洋季风影响强烈，全年可分为冬季、热季、夏季和后季风季，6 月到 9 月的夏季为雨季，其他季节均干燥少雨。据统计，现代印度超过 90% 的江河补给量都在4 个月内完成，雨季 15 天的降水甚至可占全年降水的 50% ,①而其他季节则相对干燥。要保障用水不依赖降雨，就需要兴修灌溉工程。正如憍底利耶所指出的，灌溉工程可取得和大雨滂沱一样的效果，可谓农作物的基础。②《政事论》将矿藏视为一切战场所用物资之源，又根据不同的出产将树林分为物产林和象林，前者可用于建造要塞、车辇和战车，后者可饲养大象。此外，还指出草场是奶牛、马匹和骆驼之源，③ 而这些牲畜可用于拉战车。憍底利耶特别重视象林，认为一块土地可营建培育多个物产林，但盛产大象的森林则未必，④ 故主张对其予以特别关注。这一论述也表明《政事论》具有强烈的军事化倾向，对国土自然条件的论述主要围绕军事目的展开，着眼于如何将其转化为军事资源。

其三，如上文所表明的，《政事论》认为良好的国土与居民需要一系列因素的最优组合。不过遗憾的是，《政事论》主要是罗列了各因素，对其相互关系讨论不多，仅极简略地指出人口稠密的土地优于有很多要塞的土地，因为有人方有国家，而无人的土地如同不孕

---

① World Bank, *India's Water Economy: Bracing for a Turbulent Future*, Washington, D. C.: World Bank, 2005, p. 1, http://documents.worldbank.org/curated/en/2005/12/6552362/india-indias-water-economy-bracing-turbulent-future.

② R. Shamasastry, op. cit., p. 309. R. P. Kangle, op. cit., p. 368. 朱成明，前引资料，第 344 页。

③ R. Shamasastry, op. cit., p. 309. R. P. Kangle, op. cit., p. 368. 朱成明，前引资料，第 344 页。

④ R. Shamasastry, op. cit., p. 299. R. P. Kangle, op. cit., p. 356. 朱成明，前引资料，第 333 页。

的牛，无所出产；[1] 又说要塞、财富、军队、水利和治生之事功均依赖国土，国土之上的居民中能找到勇悍、坚定、能干、众多（等特点）。[2] 此处似可理解为，作者认为人口极端重要，甚至可能是最重要的。除此以外，《政事论》对国土与居民所蕴含的其他因素及其相互关系就基本不做深究了。对各因素的相互关系，比如哪些是必不可少、哪些是锦上添花，一片土地如不能同时具备这九大因素是否还能视为优良，各因素是否可相互替换、孰轻孰重，都没有详加说明。

其四，在人文诸因素中，作者表面上只强调了四点，即重要边境有险可守，能支撑课罚和税收，居民众多、忠诚且品行良好，水陆交通便利，但实际上已经涵盖了人口数量、人口质量、经济发展程度、财政金融力量、战略要地的城防工事、交通条件等各方面。《政事论》此处并未展开详细讨论，但高度重视交通道路，将其视为胜过对手的必要手段，特别强调交通条件的军事价值，明确指出军队和间谍只有借助商道才能四处行动，武器、盔甲、车辇、力畜等也要通过商道才能购买到。[3] 值得注意的是，憍底利耶对贸易路线的选择体现了鲜明的风险规避型思路。一般认为，就贸易路线而言，水路成本低、利润高，故水路优于旱路。憍底利耶则与众不同地认为，水路容易阻断，并非任何时候都能通畅，会导致极大风险且不可补救，而旱路则相反，因此旱路应是优先选择。在水路之中，沿岸水路优于海中的路线，因为

① R. Shamasastry, op. cit. , p. 300. R. P. Kangle, op. cit. , p. 357. 朱成明，前引资料，第 334 页。

② R. Shamasastry, op. cit. , p. 323. R. P. Kangle, op. cit. , p. 387. 朱成明，前引资料，第 359 页。

③ R. Shamasastry, op. cit. , p. 309. R. P. Kangle, op. cit. , p. 368. 朱成明，前引资料，第 344 页。

前者可靠近很多贸易港。河道也优越，因为河道航路可持续，其风险可规避或抵御。[①] 这说明，《政事论》在国土与居民的人文诸因素方面同样存在强烈的军事化倾向，在想问题时往往自觉不自觉地着眼于军事攻防。

最后，憍底利耶虽将国土与居民视为国家七要素之一，却指出国土与居民还有优劣之分，明智的君主理应“质”“量”兼顾，不能一味贪多求大。特别有价值的是，《政事论》明确指出某些土地对国家权力其实并无价值甚至弊大于利，维持这些土地的代价可能大大超过收益。在这种情况下，与其精疲力竭地一味维持，不如采取“疲敌之计”，将其赠送给对手，迫使对手为开发土地而大量消耗人力财力，促使对方君主及人民由此走向败亡。[②] 为此，作者专门将赠地作为一种有效的对敌斗争手段并进行了较多讨论。按《政事论》的说法，如果后侧的对手可通过赠与土地来安抚，就应向其提供一块劣等土地；如果对手拥有要塞，就应向其提供与其不相邻接的土地；对丛蛮酋魁（wild chief 或 forest chieftain），[③] 则应提供不出产生计资材的土地。这些都是没有实际用处的土地。此外，还可根据对手的具体情况，分别向其提供长期受敌对势力侵扰的土地、有强邻的土地、无法进行军事行动的土地、荒芜的土地、贫瘠的土地、需大量损失与耗费才能开拓的土地以及无从托庇的土地等。这些土地大多不仅毫无用处，还能有效消耗对手。《政事

① R. Shamasastry, op. cit., p. 303. R. P. Kangle, op. cit., p. 360. 朱成明，前引资料，第 337 页。

② R. Shamasastry, op. cit., p. 300. R. P. Kangle, op. cit., p. 357. 朱成明，前引资料，第 334 页。

③ 朱成明将aṭavī译为丛蛮，指生活在山林中的部落民，指军队的时候则译为丛蛮军，同时将aṭavī译为丛蛮酋魁。见朱成明，前引资料，第 50 页注释。

论》甚至颇富心计地表示，对无法在战场战而胜之的对手，应向其赠送一块长期受敌对势力侵扰且与强大君主相毗邻的土地，借此彻底拖垮对手。[①]

古代社会生产力低下，古人对土地和人这两大生产要素往往持多多益善的态度，《政事论》能够明确提出不良的国土与居民只能损害国力，取之无益的观点，这是难能可贵的。有趣的是，经济领域所谓的“白象效应”（为虚名所累而耗费大量资源）恰恰也典出古印度［或说东南亚某国如暹罗（泰国）等］的一则故事，谓一名君主将白色大象交给自己所讨厌的大臣饲养，后者必须秉承君命伺候好神圣的白象，但大象食量巨大，无底洞一般的饲养开销很快令这名倒霉的大臣倾家荡产。这则故事其实非常形象地说明了《政事论》中关于不良国土与居民要素的观点。

四、要塞

《政事论》将要塞（Durga，有难以靠近、不可逾越、无法通过的意思）分为山间要塞、江河要塞和平原要塞，明确指出山间要塞优于江河要塞，江河要塞优于平原要塞，原因在于三者的防御能力依次递减，或者说对手要攻占这些要塞的难度依次递增。《政事论》甚至颇为武断地表示，攻克江河要塞费事两倍于攻击平原要塞。[②] 攻

① R. Shamasastry, op. cit. , p. 315. R. P. Kangle, op. cit. , pp. 373 – 374. 朱成明，前引资料，第 348 页。

② R. Shamasastry, op. cit. , p. 297. R. P. Kangle, op. cit. , pp. 354 – 355. 朱成明，前引资料，第 332 页。

克江河要塞就需要过河，而渡河有各种方法，比如搭建木桥，或者将大象驱赶到河中站立组成桥梁渡河。很多时候也可不用桥梁，因为河水不一定总是很深，必要时甚至可设法将河水排干，直接过河。与此相比，攻克山间要塞的难度要大很多：山间要塞易守难攻，难于攀登，可自上而下投掷木石；更重要的是，即使一处被攻破，也不足以攻占整个要塞。①

值得注意的是，《政事论》在要塞问题上表现出鲜明的相对权力论：一方面，要塞的价值很大程度上是以对手攻克要塞需要消耗的精力来衡量的；另一方面，作者强调能以微小成本建设坚固要塞的君主要优于其他君主。② 换言之，在建设要塞的问题上要综合考虑成本和收益，如果成本太高，即使要塞的权力收益很大，对国家（君主）权力格局的总体影响仍然是不利的，这种要塞得不偿失，不值得尝试。

五、财富

高度关注国民经济问题是《政事论》卓然不同于很多古典政治学著作的一大特色，该书的另一中文译名“利论”，以及后世英译者为其添加的各种副标题如财富学（The Science of Wealth）、财经管理之道（The Way of Financial Management and Economic Governance），

① R. Shamasastry，op. cit.，p. 297. R. P. Kangle，op. cit.，pp. 354 – 355. 朱成明，前引资料，第 332 页。

② R. Shamasastry，op. cit.，p. 302. R. P. Kangle，op. cit.，pp. 354 – 355. 朱成明，前引资料，第 336 页。

以及利学（The Science of Material Gain）、经济学（Economics）和政治经济学（Political Economics）等说明文字均可佐证。《政事论》直接了当地宣称“利是首要的”，因为法和欲都有赖于利，① 全书以相当大的篇幅来论述国民经济问题，包括农业制度、手工业管理、商业管理、政府专卖制度等。对这些问题的讨论往往与上述“国土”和“军队”要素的讨论相互重合。

关于《政事论》的经济思想已有大量研究，本书不再一一展开，只简单指出《政事论》将财富（Kosa）视为国家安全和国力之源，甚至表示其重要性超过了军队等其他要素。作者将财富与军队比较之后表示：若无财富，则军队可能投靠敌人，杀害君主；军队是获取并保护财富的手段，而财富则是维护所获财富本身和军队的手段，甚至军队本身也可以靠财富获得；一切活动都取决于财富，故财富方面的灾患更为严重。② 由于财富极端重要，《政事论》积极主张国家主动促进经济发展，监管经济活动，从中收取税金。作者认为大多数农业手工业与商业活动应私营，但主张采矿、金属冶炼、军工制造、贵金属和工程领域由国家经营，建议国家通过经营客栈、妓馆和赌场赚取利润。③ 为了扩充财源，《政事论》主张积极争夺土地，开辟新的居民点。④ 作者认为盛产谷物的土地可充盈国库和仓

---

① R. Shamasastry, op. cit. , p. 16. R. P. Kangle, op. cit. , p. 14. 朱成明，前引资料，第45页。需要说明的是，此处的“利”主要指世俗的财货之利及由此引申的治国之策，外延远大于现代汉语中的经济范畴。

② R. Shamasastry, op. cit. , pp. 294, 324. R. P. Kangle, op. cit. , pp. 350, 388 - 389. 朱成明，前引资料，第328、360页。

③ Subrata K. Mitra, “Kautilya Redux? Re-use, Hybridity, Trans-cultural Flow and Resilience of the State in India,” in Michael Liebig and Saurabh Mishra eds. , *The Arthasastra in a Transcultural Perspective: Comaring Kautilya with Sun-Zi, Nizam al-Mulk, Barani and Machiavelli*, Pentagon Press, 2017, p. 37.

④ R. Shamasastry, op. cit. , pp. 299 - 301. R. P. Kangle, op. cit. , pp. 355 - 358. 朱成明，前引资料，第333—336页。

库，其出产可供给建造要塞和其他建筑所需，所以应积极争取。尽管如此，作者并非一味追求产粮地，而是强调土地的优点都是人造就的，认为大块的富水地可出产各种水陆植物，也是可取的；又说矿藏丰富的土地有助于扩大财富，其制品可大量销售，[①] 应成为重点争夺对象。

六、军队

憍底利耶高度重视军队（Danda），将其作为国家七要素的第六项，但第四项（要塞）、第五项（财富）和第七项（盟友）也与军队密切相关，实为一体。全书对军队的构成做了较多探讨，具体可分为种姓构成、兵种构成、类别构成等几个方面。

首先，《政事论》较多地讨论了军队的种姓构成。现代种姓制度可细分为“瓦尔纳”（Varna）和“阇提”（Jati）两个方面，但《政事论》只涉及“瓦尔纳”制度，对“阇提”制度并未多提。种姓制度（准确地说是其中的“瓦尔纳”制度）将人分为婆罗门、刹帝利、吠舍、首陀罗四个高低有序的等级：婆罗门地位最高，主要从事宗教活动；刹帝利地位稍低，主要从事军政活动；吠舍居于第三位，主要从事农商活动；首陀罗居末，职责是服务于上述种姓。[②] 种姓制度对印度文明的影响根深蒂固，渗透到印度社会的所有缝隙之

① R. Shamasastry, op. cit., p. 299. R. P. Kangle, op. cit., p. 356. 朱成明，前引资料，第 333 页。

② R. Shamasastry, op. cit., pp. 11 – 12. R. P. Kangle, op. cit., pp. 7 – 8. 朱成明，前引资料，第 40 页。

中，军事领域也不例外。这对不熟悉印度文化背景的阅读者来说是很难理解乃至不可思议的。

《政事论》在军队的种姓构成方面采取了务实态度，同时也与种姓制度的根本精神保持了一致。书中确实列出一种僵化套用种姓秩序的看法，认为婆罗门组成的军队优于刹帝利组成的军队，又依次优于吠舍、首陀罗组成的军队。但憍底利耶随即亲自出场表明了不同意见，认为对手可用谦卑的礼数将婆罗门组成的军队争取过去；比较而言，还是训练精良的刹帝利军队更可取；多猛士的吠舍或首陀罗组成的军队也是更可取的。① 憍底利耶显然不看好婆罗门组成的军队。当代印度的各种统计估算指出，婆罗门在印度总人口中的比例约为5%，② 显然难以从中征募到大量军队。刹帝利种姓的人口比例虽然与婆罗门差不多，但正如《政事论》所说，他们长期接受武装行动的职业训练，战斗力相应会强大很多，这应该就是《政事论》高度推崇刹帝利军队的原因。实际上，按照种姓制度的设计，婆罗门的理想职业本来就不是当兵打仗，而是担任宗教人员或君主的导师；对敌作战或在一线处理国务原本就是刹帝利的理想职业。出于维持兵员的务实考虑，《政事论》并不排斥吸收占人口大多数的吠舍和首陀罗参军，尽管这并不完全符合极端强调各安其分、各守其业的种姓精神。

其次，憍底利耶将君主可能动用的武装力量做了个大致分类，具体包括世袭职业军（maula）、雇佣军（bhrta）、团伍军（sreni）、友邦军（mitra）、投诚的敌军（amitra）以及部落军或称丛蛮军

① R. Shamasastry, op. cit., p. 342. R. P. Kangle, op. cit., p. 412. 朱成明，前引资料，第379页。

② Eric Bellman, "Reversal of Fortune Isolates India's Brahmins," *The Wall Street Journal*, December 29, 2007.

(atavi)等。① 憍底利耶认为最有利的是世袭职业军，其次是雇佣军，再次是团伍军，最后是友邦军等。② 这种排序当然不难理解，因为本国的世袭职业军队说到底更为可靠，雇佣或借用的军队终究不是自己人，在关键时刻是难以指望的。有趣的是，憍底利耶认为在极端情况下，军队的集中性甚至比短期内的服从性还要重要，因为不顺服的军队可借助妥协等手段令其归顺；而要聚拢分散的军队则相当困难，因为他们各怀心思，总是忙于自己的事情，③ 说难听点就是各怀鬼胎。

不过颇为矛盾的是，憍底利耶虽高度重视常备军，但又认为军队并非始终必需，甚至说军队也可用钱财购买。④ 与此不同的是，后世的印度作者相对而言要更为推崇军队，比如羯曼陀伽（Kamandaka）认为“只要拥有高效的军队，即使是君主的对手也会被转化为朋友，拥有强大军队的君主能不受阻碍地统治大地”。《舒克拉论政》（*Shukra Niti*）将军队与国家的关系比喻为意志与人的关系，认为人无意志就无法工作，国无军队就会陷入停滞。舒克拉甚至认为“没有军队就没有国家、没有财富、没有勇武精神……维持了军队，

---

① Harjeet Singh, "Military Adages and Stratagems in Kautilya's Arthasastra," in Pradeep Kumar Gautam, Saurabh Mishra and Arvind Gupta eds., *Indigenous Historical Knowledge: Kautilya and His Vocabulary* (Vol. 2), Pentagon Press, 2016, p. 91. R. Shamasastry, op. cit., p. 340. R. P. Kangle, op. cit., p. 409. 朱成明，前引资料，第 376 页。

② R. Shamasastry, op. cit., p. 341. R. P. Kangle, op. cit., p. 412. 朱成明，前引资料，第 378—379 页。

③ R. Shamasastry, op. cit., p. 294. R. P. Kangle, op. cit., p. 350. 朱成明，前引资料，第 328 页。

④ R. Shamasastry, op. cit., p. 294. R. P. Kangle, op. cit., p. 350. 朱成明，前引资料，第 328 页。

财富与国家就能繁荣，敌人就会灭亡”。①

最后，《政事论》还描述了各兵种特别是主力作战兵种，主要包括步兵（patti 或 padati）、骑兵（asva）、车兵（ratha）和象兵（hasti），合称为四兵军（chaturangabala），各兵种的司令称为主军（adyaksha）。② 象兵是古印度的主力兵种，憍底利耶对其极为推崇，认为杀伤敌军主要靠象。③ 建立象兵部队消耗很大，所以象兵多寡本身即可作为判断大国实力的重要指标，大量象兵即使备而不用也足以发挥巨大的威慑作用。全书还提到很多攻防机械，包括投石机、投木机、防火机、灭火机等，其说虽不宜一概视为历史真实，但多少还是有一定依据的。由是观之，古印度的军队中应该还有一定数量的工程兵和机械兵之类的技术兵种。

七、盟友

《政事论》对友好关系的讨论可分为国际体系与对外政策两个层面。国际体系层面的友好关系似乎是作为敌对的对立面而自然出现的。简单地说，国际体系层面的盟友最主要的是地理上与

---

① Harjeet Singh, "Military Adages and Stratagems in Kautilya's Arthasastra," in Pradeep Kumar Gautam, Saurabh Mishra and Arvind Gupta eds., *Indigenous Historical Knowledge: Kautilya and His Vocabulary* (Vol. 2), Pentagon Press, 2016, p. 89.

② Harjeet Singh, "Military Adages and Stratagems in Kautilya's Arthasastra," in Pradeep Kumar Gautam, Saurabh Mishra and Arvind Gupta eds., *Indigenous Historical Knowledge: Kautilya and His Vocabulary* (Vol. 2), Pentagon Press, 2016, p. 91.

③ R. Shamasastry, op. cit., p. 299. R. P. Kangle, op. cit., p. 356. 朱成明，前引资料，第 333 页。

近敌相毗邻的“天然盟友”（按不同的位置分别称为 mitra 和 akranda），以及盟友的盟友，即以本国为中心的“曼荼罗”体系的第三圈、第五圈，以及其他所有单数圈层，[①] 遵循的是“敌人的敌人是朋友”、“朋友的朋友是朋友”这一简单逻辑。由于《政事论》对国际体系层面的敌友关系持较为绝对的态度，这一层面对盟友关系的讨论基本到此为止。与此形成对照的是，作为对外政策的“结盟”问题得到较为详细的讨论。《政事论》对结盟的定义是寻求（其他国家的）保护，[②] 又指出除了领土与近敌毗邻的“天然盟友”，还有一种因以钱财与性命相托庇而形成的所谓“后天的盟友”。[③] 不过，憍底利耶对结盟的态度并不积极，认为与他国结盟就不得不牺牲自己的利益来帮助盟友，据此断定“与一个比自己强大的君主结盟是大过错，除非对方在和（我国的）敌国交战”。当然，如果别无他法，结盟也是可取的，不过结盟对象应比相邻的敌国更为强大，否则就只好向敌国妥协，设法以财物、军队或土地来讨好敌国。[④]

作为实力论者的憍底利耶对盟友没有多少信任，甚至直言若有军队，则盟友可保持友好；又断言在迅速征伐敌国或从蛮酋魁，或发生内乱时，盟友是无法依靠的。[⑤] 更有甚者，如果君主发现盟友的

---

① R. Shamasastry, op. cit. , p. 265. R. P. Kangle, op. cit. , p. 318. 朱成明，前引资料，第 299 页。

② R. Shamasastry, op. cit. , p. 268. R. P. Kangle, op. cit. , p. 321. 朱成明，前引资料，第 302 页。

③ R. Shamasastry, op. cit. , p. 266. R. P. Kangle, op. cit. , p. 318. 朱成明，前引资料，第 299 页。

④ R. Shamasastry, op. cit. , p. 271. R. P. Kangle, op. cit. , p. 325. 朱成明，前引资料，第 305 页。

⑤ R. Shamasastry, op. cit. , p. 324. R. P. Kangle, op. cit. , p. 389. 朱成明，前引资料，第 360 页。

臣民贪婪、穷困且桀骜不驯，只是因畏惧被抓回来而不敢移民到本国，他就应向盟友宣战，哪怕自己实力较弱也要这么做。[①] 这一建议可视为《政事论》盟友不可信论的生动注解。

① R. Shamasastry, op. cit., p. 273. R. P. Kangle, op. cit., p. 327. 朱成明，前引资料，第 307 页。

第三章 《政事论》的“曼荼罗”论、外交政策与谍报思想

《政事论》对“曼荼罗”国际体系论、外交六策、外交使节和谍报活动的详细讨论有极为独特的价值，对现代国际关系理论的发展和当代国际政治均有较大参考价值。

一、“曼荼罗”国际体系论

《政事论》英文版出版 4 年之后的 1919 年就有了“国际政治的印度式理论”一文，[①] 其将“曼荼罗”理论诠释为“势力范围”，并称之为印度式的“均势”思想。该文首次直接运用“曼荼罗”理论探讨欧洲的国际政治格局，一方面开“曼荼罗”理论现代运用的先

① Benoy Kumar Sarkar, “Hindu Theory of International Relations,” *The American Political Science Review*, No. 3, August 1919.

河，另一方面也凸显了僵硬套用理论模型的不可取之处。比如作者称在下一场战争中，法国的“天然敌人”是西班牙、英格兰和德国，其“天然盟友”是葡萄牙、苏格兰、爱尔兰和俄罗斯，德国则很可能以中国为其“天然盟友”。[①] 对照后来的历史发展，这一说法显然是不正确的。1964 年，著名国际关系学者乔治·莫德尔斯基刊发“憍底利耶：古代印度世界的外交政策与国际体系”一文，[②] 较全面地从国际关系理论的视角分析了《政事论》，其第三部分花了三页半的篇幅对“曼荼罗”思想做专门讨论。莫德尔斯基指出“曼荼罗论”以抽象概念表达了一个国际体系，但大大不同于当代国际关系理论所熟悉的那种几个大体势均力敌的大国竭力寻求取得并维护各国之间均衡的模式。[③] 这就是独特的“曼荼罗”理论（Mandala 或 Raja Mandala），或译为列国圈理论。

“曼荼罗”本意为“圈”，在《政事论》中指列国构成的国际体系，有两种具体解读方式，都有文献依据。两种方式均将本国称为胜国（Vijigishu，would-be Conqueror，也有研究者翻译为“征服者”或“未来征服者”）。[④] 按第一种解读方式，“曼荼罗”以胜国为核心，位于前后的邻国均与其相互敌对（前方和后方的敌国分别称为 ari 和 parsnigraha），构成第一圈；前后敌国背后的国家又是其敌国并自动成为胜国的盟友（分别称为 mitra 和 akranda），构成第二圈；前

---

① Benoy Kumar Sarkar, “Hindu Theory of International Relations,” *The American Political Science Review*, Vol. 13, No. 3, August 1919, p. 407.

② George Modelski, “Kautilya: Foreign Policy and International System in the Ancient Hindu World,” *The American Political Science Review*, Vol. 58, No. 3 (September 1964).

③ George Modelski, “Kautilya: Foreign Policy and International System in the Ancient Hindu World,” *The American Political Science Review*, Vol. 58, No. 3 (September 1964), pp. 549 - 560.

④ 朱成明译为“欲胜王”，相关的敌友等概念翻译为“某某王”。考虑古代世界“王”“国”不分的普遍情况并照顾国际政治学科的习惯，这里均处理为“某某国”。

后盟友背后的国家又是其敌国，自动成为敌国的盟友，也是胜国的对手（分别称为 arimitra 和 parsnigrahasara），构成第三圈；其后的第四圈、第五圈等依次类推，不必赘述。另有中间国（madhyama）和中立国（udasina）。[①] 在这一图景中，胜国总是处于对手的包围之中，各国间的关系可概括为三句话：邻国都是敌人，敌人的敌人是朋友，敌人的朋友也是敌人。糟糕的是，这一体系之下的每个国家都处于这种状态，没有例外。第二种解读方式更为复杂，设定国际体系中主要有胜国、敌国、中间国和中立国。这四个国家本身构成一个“曼荼罗”，同时又分别与自己的盟友以及盟友的盟友构成各自的“曼荼罗”。这样整个国际体系就至少同时存在一个主“曼荼罗”和四个次“曼荼罗”，构成复杂的双层复合体系。

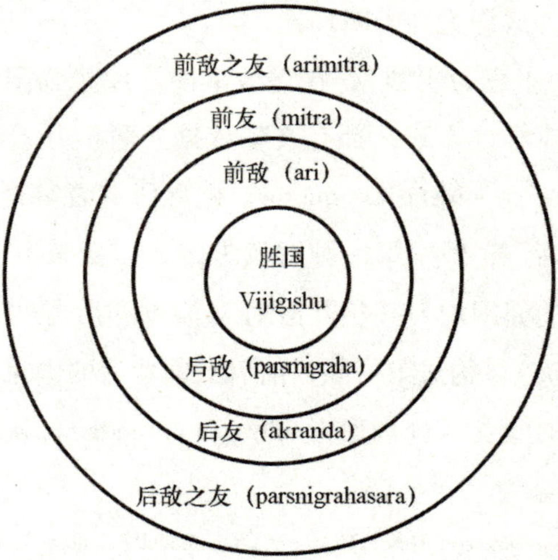

图1 “曼荼罗”图示之一

资料来源：笔者自绘。

---

① R. Shamasastry, op. cit., pp. 265 – 266. R. P. Kangle, op. cit., pp. 318 – 319. 朱成明，前引资料，第 298—300 页。

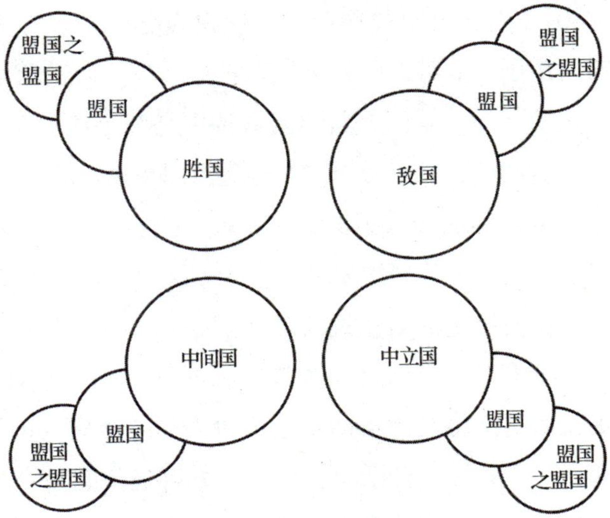

图 2 “曼荼罗”图示之二

资料来源：笔者自绘。

《政事论》认为国家间的关系主要可分为敌对、友好、中间状态和中立（二者区别在后文详述）等四种，其中最主要的是敌对和友好这两种，二者之中又以敌对关系得到的关注较多。在胜国与邻国是否必然相互敌对的问题上，《政事论》的态度前后并不一致，颇为矛盾，实际上有地理决定论、实力决定论和意图决定论等三种观点并存：以地理决定论最有影响，实力决定论居次要地位，意图决定论的影响最小。

地理决定论的表述随处可见，但在个别章节特别集中，其典型论述如下：位于胜国（本国）近邻，且从四周将胜国环绕的国家为敌国。其国土同样（从四周环绕），且（与胜国）间隔着一个国家的，是为盟国。[①] 作者在这里明显将地理视为敌友关系的决定因素，认为邻国必为敌国，而敌人的敌人必为朋友，态度非常简洁直率。

实力决定论认为，胜国与其他国家特别是邻国的关系，主要取决于双方的力量对比：相互毗邻这一地理因素固然极端重要，但邻国的巨大实力也是其成为敌国的必备条件。换言之，实力虚弱的邻国尚不足以成为敌国，地理因素并不具有决定性作用。憍底利耶毫不掩饰地表示：向更优的君主进攻就类似于赤脚战士挑战大象；与实力相当的君主交战会令两者同时毁灭，正如两个泥罐碰到一起都会破掉；更优的君主将对更劣的君主取得决定性胜利，正如石头击打瓦罐。换言之，对强于自己的君主（此处可理解为国家）应该服从，对弱于自己的君主应该打击，对和自己实力一样的君主应该结盟。憍底利耶主张较弱者应该媾和，国力优胜者应发动战争，若认定"敌人无法伤害我，我的实力也不足以打击对手"，则应中立。他认为，只要掌握必要的手段就应向敌人备战；不具有保护自己的必要实力就应寻求另一方的保护；那些需要帮助才能实现其目标者应执行两面政策（详见下文）。作者还毫不含糊地表示，对遭遇灾患的敌国可予以攻击；对无庇护或庇护孱弱的邻国可将其瓦解，否则就应加以遏制或削弱。[②] 在别无他法的时候，君主也不必扭捏作态，应领兵归顺对方，但一旦有提升的机会（原因可以是对手患绝症、内乱、对手的敌国国力提升或其盟友遭受灾祸等）就应设法离去，甚至可设法靠近并打击其弱点。[③] 这些论述虽然分散在各处，但其根据

---

① R. Shamasastry, op. cit. , p. 265. R. P. Kangle, op. cit. , p. 318. 朱成明，前引资料，第 298 页。

② R. Shamasastry, op. cit. , p. 265. R. P. Kangle, op. cit. , p. 318. 朱成明，前引资料，第 298 页。

③ R. Shamasastry, op. cit. , p. 271. R. P. Kangle, op. cit. , p. 325. 朱成明，前引资料，第 305 页。

权力相对大小而提出不同政策主张的思维方式仍然是清楚无误的。

比较复杂的是，意图决定论在《政事论》中也有一定影响。全书对国家间敌意的论述颇为矛盾，一方面用绝对化的语言表示凡相邻的国家必定互为敌国，但在其他地方又表示是敌是友取决于国家之间的实力对比，有时候又认为国家间（特别是实力相近者之间）的敌意存在很大变数：比如除了所谓领土接壤的“天然敌人”之外，还有为本国所反对或反对本国的“后天的敌人”；除了领土与近敌毗邻的“天然盟友”，还有一种因以钱财与性命相托庇而形成的所谓“后天的盟友”。[①] 也就是说，国家的意图在特定情况下也可成为其敌对或友好的决定性因素。不过《政事论》对所谓“特定条件”的讨论并不充分，由此留下了丰富的解读空间。

《政事论》对国家间友好关系的讨论可分为国际体系与对外政策两个层面，对前者讨论不多，对后者的探索倒是花了不少篇幅。相关内容在前一章涉及盟友处已有讨论，这里不再重复。《政事论》对另外两种状态即中间状态和中立的讨论颇为独特。中间状态和中立有相似之处，都是指第三国既不直接参与胜国与敌国间的争端，又能在胜国与敌国分散时制服二者。区别在于：中间国同时与胜国和敌国接壤；而中立国则与胜国、敌国和中间国均不接壤，且自身实力非常强大，既可在三者联合或分散时向其施惠，又能制服其中任何一方。[②] 二者的区别也可借助语义学加以说明：Madhyama 的字面意思是位于正中者，Udasina 的字面意思是位于上方者，参照一般绘制的“曼荼罗”或“列国圈”图示可知，“位于上方”的实际含义

① R. Shamasastry, op. cit., p. 266. R. P. Kangle, op. cit., p. 318. 朱成明，前引资料，第 299 页。

② R. Shamasastry, op. cit., p. 266. R. P. Kangle, op. cit., pp. 318 – 319. 朱成明，前引资料，第 299—300 页。

是不与冲突两国的任何一方接壤。① 将中间国与中立国两相对照可发现，中立国显然更有条件来保持真正的“中立”，而中间国往往是持机会主义态度的骑墙派。要说明的是，此处的“中立”与现代外交实践的中立区别很大：前者仅指不与胜国和敌国之中的任何一方交战，大致相当于“战时中立”；而后者既包括战时中立，更可指永久性放弃参与国际争端或军事同盟的权利即“永久中立”。②

《政事论》在外交学说史上较早将国际政治的手段和目的做了明确区分，具有较大的积极意义。③ 尽管当代国际关系理论的主流均承认国家利益是目的，权力是为实现目的而采用的手段，但在具体实践中却往往将二者混同起来，比如现实主义国际关系理论鼻祖汉斯·摩根索（Hans Morgenthau）曾公开表示，政治现实主义能在国际政治领域里发展起来的主要标志是以权力界定利益的概念。这种混同并不是由于概念不清，而是因为国际政治中的手段（权力）与目的（利益）关系实在过于密切，无权力就无法实现利益，获得了权力就赢得了实现利益的最重要保障，这就导致很多人自觉不自觉地在二者间画上了等号。反观《政事论》可发现，全书虽然对权力问题讨论很多，对国家利益讨论较少，但对二者的关系仍做了清楚界定，明确指出：拥有力量即权力（sakti，power），获得福祉为成就（siddhi，success）；拥有更大的权力和成就令君主优越于其他君

---

① T. B. Mukherjee, *Inter – State Relations in Ancient India*, Meenakshi Prakashan, 1977, p. 180.

② 据《奥本海国际法》，永久中立国是这样一个国家，在它约束自己，除为抵抗攻击外，永远不和任何其他国家作战，而且永远不承担任何可以间接地使它卷入战争的国际义务的条件下，它的独立和完整永远由国际公约予以担保。参见劳特派特修订，王铁崖、陈体强译：《奥本海国际法》（上卷·第一分册），商务印书馆 1971 年版，1989 年 12 月第 3 次印刷，第 185 页。

③ Shounak Set, “Ancient Wisdom for the Modern World: Revisiting Kautilya and his Arthashastra in the Third Millennium,” *Strategic Analysis*, No. 6, 2015.

主；拥有较少者次于其他君主，拥有同等者相互平等；所以君主应全力增强自己的权力，提升自己的成就。[①] 作者在这里反复将权力和成就并列，表明二者虽关系密切但并不是一回事。

在对外关系方面，《政事论》主要讨论了四种手段，即外交政策、外交使节、谍报活动和军事手段。本章主要讨论外交政策、外交使节和谍报活动，军事问题在下一章集中讨论。

二、外交六策

《政事论》将“曼荼罗”或列国圈体系之下各国可采取的各种对外战略总称为六策（Shadgunya，Six-Fold Policy），分别是媾和（Sandhi）、作战（Vigraha）、静待（Asana）、备战（Yana）、结盟（Samshraya）和两面政策（Dvaidhibhava）。[②] 以上政策从字面上都不难理解，《政事论》略加解说之后做出的定义是，缔约就是媾和，扰害（doing injury）就是作战，（对其他国家的冲突）无动于衷就是静待，增拓（国力）就是备战，寻求（其他国家的）保护就是结盟，

① R. Shamasastry，op. cit.，p. 266. R. P. Kangle，op. cit.，p. 319. 朱成明，前引资料，第 300 页。

② 朱成明的译法是和、战、静待、往征、托庇和贰端，见朱成明，前引资料，第 302 页。张金翠的译法是媾和、作战、中立、进攻、结盟和离间。见张金翠：“《政事论》与印度外交战略的古典根源”，《外交评论》（外交学院学报）2013 年第 2 期。晋劼的译法是和平、战争、对峙、进攻、寻求保护和实行两面政策。见晋劼：“《政事论》思想与策略”，《南亚研究》1986 年第 4 期，第 16 页。康格尔的表述是 peace，war，staying quiet，marching，seeking shelter，dual policy，见 R. P. Kangle，op. cit.，p. 321。沙玛沙斯特里的表述是 peace，war，observance of neutrality，marching，alliance，making peace with one and waging war with another，见 R. Shamasastry，op. cit.，p. 268。斟酌各方之说并考虑到本研究主要关注国际政治思想，本书采用媾和、作战、静待、备战、结盟、两面政策的说法。

与一方媾和而与另一方作战就是两面政策。①

《政事论》高度重视外交六策，甚至称其为和平之源，② 全书围绕这些政策进行了较为详细但颇为分散的讨论。关于媾和，有看法认为其实际包括了两种政策，一种是非战或曰停战，另一种是战略同盟。③ 将《政事论》对媾和条件的论述略做总结是：（1）两敌对君主，如发现增进国力的耗时相同、结果一样，则应媾和；（2）两敌对君主，如自身衰落的情况耗时相同、结果一样，则应媾和；（3）两敌国国力发展均处于停滞，耗时相同、结果一样，则应媾和；（4）相对对方处于衰落状态者应媾和；④（5）遭灾患打击而处境仓促者可与对手媾和；⑤（6）观察到自己和对手缔结和约的条件较为有利则应媾和。⑥ 以上六种情况的共同点是，均以利益和权力的相互权衡作为决策的出发点。区别在于，前三种情况下的两国实力相对均衡，媾和主要是为了更好地扩大本国利益；后三种情况下的双方存在明显的强弱之分，媾和是弱国为了自保而做出的主动选择。不过这就引发了一个问题，即强国为何要接受弱国的媾和要求。

---

① R. Shamasastry, op. cit., p. 268. R. P. Kangle, op. cit., p. 321. 朱成明，前引资料，第 302 页。康格尔认为两面政策的对象是两方而非一方，朱成明指出两面政策另一说为与一方表面媾和但暗地备战。此从康格尔说。

② R. Shamasastry, op. cit., p. 265. R. P. Kangle, op. cit., p. 317. 朱成明，前引资料，第 298 页。朱成明此处作“安享”。

③ Mark McClish, “Non-Aggression Pacts and Strategic Partnerships in Kautilyan Foreign Policy,” in Pradeep Kumar Gautam, Saurabh Mishra and Arvind Gupta eds., *Indigenous Historical Knowledge: Kautilya and His Vocabulary* (Vol. 3), Pentagon Press, 2016, pp. 16 – 30.

④ R. Shamasastry, op. cit., pp. 268 – 269. R. P. Kangle, op. cit., pp. 321 – 323. 朱成明，前引资料，第 302—303 页。

⑤ R. Shamasastry, op. cit., p. 309. R. P. Kangle, op. cit., p. 368. 朱成明，前引资料，第 343 页。

⑥ R. Shamasastry, op. cit., p. 312. R. P. Kangle, op. cit., p. 371. 朱成明，前引资料，第 346 页。康格尔和沙玛沙斯特里分别作 finding out suitable conditions for peace 和 observe conditions conductive for peace，朱成明作“确定自己与对方议和的意向”，此从前二者。

《政事论》认为这是可能的，条件是双方君主（或至少强国的君主）认为：媾和之后能以本国的事业阻碍对手的事业；或在享受己方事业之余还可享受对手的事业；或本国可在媾和后损害对方的事业；或可动用本国事业之成果并辅以恩惠和豁免之利来招纳为对方劳作者；或敌国与强国结盟并导致其事业受后者妨害；或本国可（借助媾和）延长敌国与其对手间的战争；或（媾和后）敌国会骚扰另一敌国；或敌国聚落（在媾和后）会因另一君主的压迫而移民到己方；或可（借媾和）分化与对手呼应的“曼荼罗”。① 在这些情况下，媾和对双方（包括强国）就是可取的，因为强国要么可借和平局面来增加自己的资源并提升本国的绝对权力，要么可趁机夺取对手的资源并削弱对手的绝对权力，或者将以上二者结合起来迅速改变两国的相对权力对比，或者挑动对手与第三方争斗不休并削弱其实力。

关于作战这一政策选项，《政事论》的看法很直接，即国力优胜者应发动战争，条件是：本国居民能征善战，拥有山岳、林中或江河要塞以为门户，可以轻易击败敌人的进攻……本国可建筑坚不可摧的要塞损害敌军的事业……或者，当敌人与另一君主交兵，己方可引诱其臣民进入本国。静待的条件是：敌人难以损害本国的事业，反之亦然；或对方遭遇灾祸；或对方与另一强国激烈争斗。考虑到这种情况，胜国就可保持静待并借此来增进己方。如果备战的政策能破坏对方的事业，而本国事业之安全已有妥善安排，就可借备战来增进国力。② 又说如对手遭受无法应付的迫切灾患，即使本国更弱

① R. Shamasastry, op. cit. , p. 269. R. P. Kangle, op. cit. , p. 323. 朱成明，前引资料，第 303—304 页。

② R. Shamasastry, op. cit. , p. 270. R. P. Kangle, op. cit. , pp. 323 - 324. 朱成明，前引资料，第 304 页。

也应备战。[①] 如果一国国力有限，既不能骚扰敌方事业，又不能保护己方事业免遭对方毁败，就应托庇于一强大君主。最后，如果可与一方媾和来增进自己的事业，同时向另一方发动战争并破坏其事业，本国就应采纳两面政策来增进国力。[②]《政事论》认为，与结盟政策相比，两面政策要更为可取，因为执行两面政策可专注于自己的事业，只为自己谋利益，而结盟则部分牺牲自己的利益。《政事论》中的结盟实际上指的是弱国托庇于强国。执行这一政策的国家将不得不为对方而不是自己来谋求利益，所以说"与一个比自己强大的君主结盟是大过错，除非对方在和（本国的）敌国交战"。当然，如果别无他法，结盟也是可取的。若实在没有合适的结盟对象，就应设法以财物、军队或土地来讨好相邻的敌国，但本国君主不应与其会见（以免受其挟制）。[③]

以上讨论也表明，外交六策是一种动态组合，并没有恒定不变的优先等级。国家采取何种对外政策主要取决于本国与他国的实力对比，同时也有赖于执政者的正确选择，不过这种选择的余地是有限的，不能超出权力格局的范围。外交六策可分为进攻和防御两组，媾和、静待、结盟属防御性策略，作战、备战属进攻性策略，两面政策则攻防兼备。总的说，来《政事论》认为国家（君主）应优先考虑进攻性策略，防御性策略属不得已而为之。《政事论》将衰落、

---

① R. Shamasastry, op. cit., p. 274. R. P. Kangle, op. cit., p. 328. 朱成明，前引资料，第 307 页。

② R. Shamasastry, op. cit., p. 270. R. P. Kangle, op. cit., p. 324. 朱成明，前引资料，第 304 页。康格尔译文虽然使用了 on one side 和 on the other side 之语，但强调其所指对象并非同一君主，故这里不应理解为"一方面……，另一方面……"。

③ R. Shamasastry, op. cit., p. 271. R. P. Kangle, op. cit., p. 325. 朱成明，前引资料，第 305 页。

停滞、增进称为国家权力的三种状态。① 最可取的当然是增进，所以作者积极建议处于“曼荼罗”列国圈的各位君主借助六策，尽力从衰落转到停滞，从停滞转为增进，② 实现国家权力的不断提升。

三、外交使节

除了外交政策的宏观分类，《政事论》还较深入地讨论了外交政策的具体执行，在世界史上较早地广泛讨论了外交使节的问题，涉及使节的类别、职能、素养等各方面，不过深度尚有不足。需说明的是，怀底利耶所讨论的使节制度与现代外交制度既有联系也有区别。严格地说，现代外交制度特别是系统全面的常驻使节与使馆制、外交官等级制、外交官员与领事官员分工配合制等都起源于近代西方，古代世界并不具备。现在还没有充分依据来详细剖析古印度在怀底利耶时代的外交体制，更无从判断《政事论》中的使节与现代常驻外交官的具体异同。《政事论》的确对外交使节进行了分类，至少包括全权使节（nisrishtarthah）、承担专门任务的限权使节（parimitarthah）以及王家信使（sasanaharah）三类。③ 尽管英译本将 nisrishtarthah 称为 plenipotentiary 或 chargé - d'affaires 即全权使节，不过其具体情况特别是是否常驻外国其实并不清楚。尽管如此，《政事

① R. Shamasastry, op. cit. , p. 265. R. P. Kangle, op. cit. , p. 317. 朱成明，前引资料，第 298 页。

② R. Shamasastry, op. cit. , p. 270. R. P. Kangle, op. cit. , p. 324. 朱成明，前引资料，第 304 页。

③ R. Shamasastry, op. cit. , p. 35. R. P. Kangle, op. cit. , p. 36. 朱成明，前引资料，第 63 页。

论》的确为使节安排了极为繁重的各种或公开或秘密的职责，包括觐见对方君主、与对方辅臣将领等保持密切接触（以便刺探情报）、为本国争取朋友、在外国国内制造矛盾、管理谍报活动等，而这是临时派遣人员难以胜任的。有鉴于此，可以推断憍底利耶所设想的使节至少有一部分应该有较长的任期乃至常驻外国。

《政事论》将使节划分出不同的等级，称具备辅臣资质者可担任全权使节，欠缺四分之一资质者可担任限权使节，欠缺一半资质者可担任王家信使。① 使节最重要的素质是忠诚与保密。为了保密，使节应远离酒色，白天要避免饮酒，晚上要独宿，因为“在睡梦和酒醉中，实情易被他人知晓”。当然，对使节来说，更重要的保密任务是在与对方君臣问答之时始终对国家秘密守口如瓶。为此，《政事论》要求使节绝不能泄露本国基本国情，对涉及本国情况的对话不可明确表态，回答对方君主问讯之时只可模棱两可地表示“您无所不知”。②

《政事论》认为使节的职责包括送信、维护和约、宣扬威势、缔盟、破坏敌方同盟、带军队和间谍入敌境、劫持敌方君主的眷属与宝物、获知秘密信息、显示强力、解救人质、协助秘行等。③ 尽管任务很多，但概括起来主要是三大任务：一是信使职能即代表君主传达信息，二是信息职能即搜集对方一切有用信息，三是执行颠覆、暗杀、策反、煽动等特殊任务，后两者特别是第三点在很大程度上类似于现代的谍报职能。将《政事论》中的使节制度与现代使节制

① R. Shamasastry, op. cit., p. 35. R. P. Kangle, op. cit., p. 36. 朱成明，前引资料，第63页。

② R. Shamasastry, op. cit., pp. 35－36. R. P. Kangle, op. cit., pp. 37－38. 朱成明，前引资料，第64页。

③ R. Shamasastry, op. cit., pp. 36－37. R. P. Kangle, op. cit., p. 39. 朱成明，前引资料，第65页。

度对比可发现，二者差异是非常大的，前者与其说类似于现代使节，不如说更接近于外派间谍的负责人。现代使节同样有搜集信息的任务，但搜集保密信息并非现代使节的主要职能（实践中当然不会如此纯粹），特别行动更不属于现代使节的职能。

担任信使是使节的最重要工作，《政事论》要求使节出发前先安排好车乘、坐骑、随从人员等，启程后就要立即开始考虑如何最有效地履行信使职责，要反复琢磨如何与对方君主对答。① 进入对方国境之后，使节只有在获得允许后才能进入敌方宫廷或接待大厅，应严格按照授权转述口信，甚至不惜冒生命危险。②

合格的使节应竭尽全力使用一切手段来了解出使国的一切有用信息。使节会见对方君主时应察言观色，判断对方是否友好，可供参考的细节包括对方是否给予使团尊重的接待、是否给予靠近王座的座位、是否给予使节体面的招待等。使节还应与对方官员密切接触，特别是要结交边守、城市长官、郡邑长官和丛蛮酋魁，借此广泛了解对方国情。使节需重点了解对方军事的相关情况，比如要塞及郡邑的规模，以及敌国的长处、弱点、防御以及民人生计。③ 此外，使节还需要进行一定的情报分析，包括核实情报的准确性，分析军事部署、敌方据点等方面的优势与弱点。

除了高层情报特别是军政情况外，《政事论》还要求使节广泛了解对方的社会经济、社情民意等各种基层信息，应广泛观察乞丐、醉汉、疯子、熟睡之人，观察朝圣地和庙宇的各种迹象。甚至在未

---

① R. Shamasastry, op. cit., p. 35. R. P. Kangle, op. cit., pp. 36 - 37. 朱成明，前引资料，第63页。

② R. Shamasastry, op. cit., p. 35. R. P. Kangle, op. cit., p. 37. 朱成明，前引资料，第63页。

③ R. Shamasastry, op. cit., pp. 35 - 36. R. P. Kangle, op. cit., p. 37. 朱成明，前引资料，第63页。

能完成使命而遭扣留的极端情况下，合格的使节仍不能放弃职责，需仔细揣摩对方到底有何考虑：是看到了我方即将遭遇的危险，还是忙于解决自己的麻烦；是打算挑拨外国攻击我国，或挑起我方内乱，还是挑动丛蛮酋魁与我为敌……①

谍报职能是使节的另一项重要工作。憍底利耶积极主张使节在敌国境内从事煽动活动，其指导的间谍应在合适的场合揭露敌国君主的缺陷，以和解和施予二法来争取外国境内的可归附者，以离间和惩治二法来对付那些不可收买者。② 下文将集中讨论谍报活动，故此处对使节谍报工作的讨论从略。

四、谍报活动③

憍底利耶高度重视谍报手段，鼓励君主借助间谍来了解情况、积极活动以维护安全，行使权威以保证臣民各守职责，而且详细描述了各种各样的谍报活动，其政策主张有如下特点。首先，君主应从一切可能的渠道广招间谍，具体包括生徒；背誓苦行者；假充的家主、商人、苦行者；密使、刺客、投毒者、女修道者。④ 谍报活动

---

① R. Shamasastry, op. cit. , p. 36. R. P. Kangle, op. cit. , p. 38. 朱成明，前引资料，第 64 页。

② R. Shamasastry, op. cit. , p. 31. R. P. Kangle, op. cit. , p. 32. 朱成明，前引资料，第 60 页。

③ 对《政事论》中广泛讨论的秘密工作人员（gūdhapuruṣa），各家分别有“密探”“暗差”“间谍”等不同表述。鉴于本书的主题是国际政治，且当代的英语使用者往往直接用 spy 来对应《政事论》中的说法，故本书采用“间谍”一语。

④ R. Shamasastry, op. cit. , p. 23. R. P. Kangle, op. cit. , p. 21. 朱成明，前引资料，第 52 页。背誓苦行者指放弃云游与苦行并违背苦行的誓言的修行者。

按行动方式可分为两类：一类是固定的密探或称坐探；另一种是流动的密探，主要包括行商、修行者等有正当理由四处活动的信息搜集人员。出人意料的是，宗教在印度历来享有崇高地位，《政事论》本身也非常推崇“正法”，但全书并不忌讳招募苦行者、出家人等为间谍，甚至直接指令间谍装扮为苦行者或修行者等。不仅如此，《政事论》甚至公开提倡招募女性为密探。[①]《政事论》详述了各种间谍开展工作的具体方式。[②] 具体而言，贫穷的婆罗门寡妇如希求生计且有胆略，后宫应尊崇之，派其经常造访诸大员府邸。这一原则也适用于去发的首陀罗女性。国家应养育孤儿，让他们学习相人术、体相占、魔法、幻术等技艺并将其培养为间谍，称为密使。在籍贯、语言和出生等方面有可靠伪装者，可用于侦查国内的宰辅、国师、将领、王储、门官、后宫侍卫长、宫主事、总督、库府总管、裁判官、领军、市裁判官、厂坊官、谋臣、各部督官、惩护、城守、边守等。[③]《政事论》还积极主张收买敌国人员，包括愤怒者（16种）、恐惧者（10种）、贪婪者（5种）和傲慢自大者（7种），并详细列举了各种手段和说辞来拉拢这些人。[④] 憍底利耶指出，君主应将这些心怀不满者与间谍合用来实现其目标。拉拢这些心怀不满者自然也是本国间谍的重要使命。

第二，谍报活动集中于情报机构，对情报应多渠道复核，对间

---

① R. Shamasastry, op. cit. , p. 23. R. P. Kangle, op. cit. , pp. 21 –22. 朱成明，前引资料，第 52—54 页。

② R. Shamasastry, op. cit. , pp. 23 – 24. R. P. Kangle, op. cit. , pp. 21 – 23. 朱成明，前引资料，第 51—52 页。

③ R. Shamasastry, op. cit. , p. 25. R. P. Kangle, op. cit. , pp. 23 –25. 朱成明，前引资料，第 53—54 页。惩护有可能是一种军官或警官。

④ R. Shamasastry, op. cit. , pp. 30 – 31. R. P. Kangle, op. cit. , pp. 30 – 31. 朱成明，前引资料，第 58—59 页。

谍要加强管理考核。书中将间谍活动的枢纽称为情报点（samsthas-varpayeyuh），[①] 这可能是世界史上最早得到讨论的情报机构了。按《政事论》的设想，侦察活动应借助公开和私下两个渠道同时进行：受雇来打伞或执扇，在王座或战车上服役者可用于侦查对方的外出形迹等公开表现，侦察到的信息由密使汇报到情报点；假充的驼背、侏儒、哑巴、聋子、盲人、白痴、优人、舞者、歌手、乐师、颂唱人，以及女子则负责侦查官员在家中的形迹等私下表现，[②] 获取的信息由女修行者汇报给情报点。情报点除了汇总信息，还要以书面命令派遣其他人员核实搜集到的各种情报。从以上三个渠道（即公开、私下以及复核）分别得到的情报如相互吻合，则信息可靠；如经常不一致，则应将涉事间谍除去。[③]

第三，应积极开展保密与反间谍工作，确保情报工作绝对安全。《政事论》明确指出各情报点应相互隔绝，间谍也应互不相识，以策万全。[④] 决策之时要严格执行保密制度，严惩泄密者（憍底利耶表示泄密者应处死）。《政事论》指出决策时需考虑五个问题：开展事业的方法、人力物力资质、时间地点的分配、对灾患的补救措施，以及达成事业。君主决策既要兼听则明，又要控制知情范围，故一般“应咨询辅臣三四人”，认为“咨询人数超过四人，则决策将过

---

① R. Shamasastry, op. cit., p. 26. Kangle 称之为 spy establishment，朱成明称之为（暗差）驻点。

② R. Shamasastry, op. cit., pp. 25–26. R. P. Kangle, op. cit., p. 25. 朱成明，前引资料，第 54—55 页。

③ R. Shamasastry, op. cit., p. 26. R. P. Kangle, op. cit., p. 25. 朱成明，前引资料，第 55 页。

④ R. Shamasastry, op. cit., p. 26. R. P. Kangle, op. cit., p. 25. 朱成明，前引资料，第 55 页。

于困难且难以保守秘密”。[①] 为了对付对手派遣的间谍，《政事论》建议采取严密的反间谍措施，责成己方的间谍找出外国君主派遣的间谍，[②] 要求借助反制使节与密探，以及公开和秘密的守卫去提防敌方使节（因其具有谍报职能）。[③] 为了防范外国谍报活动（包括暗杀、投毒等），憍底利耶明确要求不能让没有得到财利和尊荣的外国人在本国君主身边活动。[④]

第四，谍报活动可分为对内和对外两个方面，两者都非常重要。《政事论》高度重视对外谍报工作，为其规定了情报搜集、协助本国使节或人质等派遣人员、挑拨离间、煽动不满、投毒暗杀等各种繁重任务。憍底利耶公开主张对敌对、友好、中立的君主，处于中间地位的君主，以及其下属的 18 种大员，均应派遣间谍。间谍应无孔不入：要塞之内有商人间谍，要塞周边有已成就苦行者，郡邑有农人和背誓苦行者，郡邑之边境有牧人，森林里有林中活动者如沙门（sramana）和丛蛮，以便迅速探知对手的情况。[⑤]

除了对外情报搜集这一常规操作外，《政事论》还重点讨论了暗杀活动。憍底利耶相当推崇暗杀活动，认为杀手可借助武器、毒药和纵火执行任务，其效果甚至可超过全军所能为。[⑥] 为了寻找下毒暗

---

① R. Shamasastry, op. cit. , p. 33. R. P. Kangle, op. cit. , pp. 33 – 35. 朱成明，前引资料，第 61—62 页。

② R. Shamasastry, op. cit. , p. 27. R. P. Kangle, op. cit. , p. 27. 朱成明，前引资料，第 56 页。

③ R. Shamasastry, op. cit. , p. 37. R. P. Kangle, op. cit. , p. 39. 朱成明，前引资料，第 65 页。

④ R. Shamasastry, op. cit. , p. 47. R. P. Kangle, op. cit. , p. 51. 朱成明，前引资料，第 73 页。

⑤ R. Shamasastry, op. cit. , pp. 26 – 27. R. P. Kangle, op. cit. , pp. 26 – 27. 朱成明，前引资料，第 55—56 页。

⑥ R. Shamasastry, op. cit. , p. 352. R. P. Kangle, op. cit. , p. 425. 朱成明，前引资料，第 389 页。

杀的机会，《政事论》主张招募一切可能的人员来充当间谍，认为“得道苦行者、游方修行者、云游者、江湖术士、遂愿师、算命师、占卜者、占星师、医生、疯人、哑巴、聋人、白痴、盲人、商贩、工匠、艺师、伶工、妓院老板、酒店掌柜、糕饼贩、熟肉贩、熟粮贩”都可以成为间谍的合适人选。① 除了这种兼职的下毒人员，《政事论》还构想了一批专司毒杀的投毒者，包括汤汁厨子、饭食厨子、侍浴工、铺床工、理发工、侍妆人以及侍水人。② 安排他们专司投毒可能是因为这些人员都属私人服务人员，便于接近投毒对象。现代情报工作往往也有所谓的“特别行动”，但毕竟受到国际法约束，而且现代政治条件下的暗杀行动价值颇为有限。但暗杀活动在君主制下所能起的作用的确远大于现代，这或许就是《政事论》异乎寻常地重视暗杀活动甚至将其视为一种独立战争类型（秘密战）③ 的原因之所在。

尽管如此，若以文字篇幅论，《政事论》对国内间谍活动的重视甚至超过对外谍报活动。作者主张君主在国内广泛使用间谍，甚至建议其专门安排间谍活动来考验辅臣的品行。比如，君主可假装将国师撤职，此人应按照君主的安排去逐个挑拨辅臣并考察其具体反应。憍底利耶甚至为此设计了一套标准台词，大意为“今王不义，应另立他人取而代之，或立一义人，或立其亲属，或……。我等皆作如是想，君意下如何？”书中将此称为法之考验。《政事论》随后又讨论了假装解除军队将帅职务并安排其以获取巨额财富来唆使辅

---

① R. Shamasastry, op. cit., p. 220. R. P. Kangle, op. cit., p. 265. 朱成明，前引资料，第253页。

② R. Shamasastry, op. cit., p. 26. R. P. Kangle, op. cit., p. 25. 朱成明，前引资料，第55页。

③ R. Shamasastry, op. cit., pp. 30 - 31. R. P. Kangle, op. cit., pp. 30 - 31. 朱成明，前引资料，第58—59页。

臣摧毁君主的考验方式，称为利之考验。更极端的是，《政事论》甚至设想了所谓欲之考验，即安排后宫获信任与礼待的女子向诸大员（mahamatra）谎称王后正候其幽会（!），并伪称如积极配合还可获得大量财富。此外，还有先假意将辅臣罢免并剥夺其财产，再安排人挑唆他们推翻君主并取而代之的做法，称为“惧之考验”。通过所有考验者可任用为谋臣（mantrinah），通过任一考验者也各有任用，未通过考验者则应下放矿山、冶炼厂等。[①] 不仅如此，《政事论》还主张运用间谍活动来全面监控国内情况，称君主不仅要安置针对国内诸大员的间谍，还要安置针对城乡居民的间谍，后者也负有侦听国内流言之责。[②] 间谍还有一个特殊任务，即必要时以假扮的身份来引导甚至恐吓王子（!），以此对其施以“教育”。[③]

以上简短讨论足以说明，《政事论》蕴含着极为丰富、风格独特的外交、国家安全与国际关系思想，对外交使节、谍报活动的讨论在古代世界居领先水平。这些思想不仅在历史上曾产生较大影响，对印度这一崛起中的大国也会发挥越来越大的作用，甚至对认识当代国际政治也有较大参考价值。印度官方对此也是认同的。早在2002年，当时的印度外长亚什万特·辛哈就公开表示“（当代）国家间关系仍在很大程度上立足于憍底利耶所阐述的六策之上”。[④] 时任国防分析研究所所长（后出任莫迪政府副国家安全顾问）

---

① R. Shamasastry, op. cit., pp. 21 – 22. R. P. Kangle, op. cit., pp. 18 – 21. 朱成明，前引资料，2016 年，第 49 – 51 页。

② R. Shamasastry, op. cit., p. 28. R. P. Kangle, op. cit., pp. 28 – 29. 朱成明，前引资料，第 57—58 页。

③ R. Shamasastry, op. cit., p. 39. R. P. Kangle, op. cit., pp. 41 – 42. 朱成明，前引资料，第 66—67 页。

④ Yashwant Sinha, “Future Directions of India's Foreign Policy,” *Outlook*, October 31, 2002.

阿尔文·古普塔称《政事论》的“曼荼罗”理论以微妙的方式展现了结盟思想，其外交六策为国家的外交政策提供了健全的概念架构……书中的间谍思想在当下尤其令人感兴趣。[①] 以上论述都不约而同地提到“曼荼罗”国际体系论、外交六策和谍报活动，这当然不是偶然的。当然，这种借鉴应该是间接的，绝不能忽视当代世界和古印度的巨大区别，不能脱离现实政治的复杂性而简单套用两千年前的理论模型，否则就很容易陷入另一种理应避免的思维误区。

---

① Pradeep Kumar Gautam, Saurabh Mishra and Arvind Gupta eds. , *Indigenous Historical Knowledge*: *Kautilya and His Vocabulary* (Vol. 3), Pentagon Press, 2016, p. xvi.

第四章 《政事论》的战争与军事思想

战争是治国理政的最重大问题之一，《孙子兵法》非常正确地指出“兵者，国之大事，死生之地，存亡之道，不可不察也”。[①] 作为百科全书式的治国理政手册，《政事论》同样高度重视战争问题，著名的国家七要素中涉及战争的要素占了近一半：军队是第六要素，要塞是第四要素，财富（第五项）和盟友（第七项）也在很大程度上着眼于作战之需。全书花了很大篇幅直接讨论战争，对其他治国要务的论述在很大程度上也围绕战争这个第一要务展开，对结盟、交通、行政管理、殖民开垦等问题的讨论即是如此，《政事论》甚至将很多一般视为非战争活动的行为如投毒、暗杀等直接界定为战争。

印度军方研究人员对《政事论》军事思想高度重视，评价较高，近年来推出的研究成果包括“憍底利耶《政事论》的大战略论”“法胜：兵不血刃赢得战争与和平”“憍底利耶论如何‘培养’忠诚士兵并策反敌军”“憍底利耶《政事论》的大战略概念和战略规划”“憍底利耶《政事论》的反游击战策略”“憍底利耶与当代武装冲突

① 《孙子兵法·始计篇》，参见《孙子兵法》（孙晓玲编），武汉出版社 1997 年版，第 1 页。

法”“憍底利耶《政事论》的军事格言与军事计谋”等。[①] 中方也有一些研究初步关注《政事论》的军事思想。《中国军事后勤百科全书》专列“憍底利耶后勤思想”词条。[②]“世界古代军事后勤思想说要”一文认为：《政事论》将国家概括为由君主、大臣、农村、卫城、国库、军队和同盟等七要素构成的统一体；从军事角度来看，这七要素都与后勤有关；《政事论》将政治、经济和国防后勤融合为相互依赖的有机整体，表现了古代印度军事思想的特点；该书提到农村和军队的密切关系，但没有提出耕战合一的理论，这与古代印度的等级制（种姓制）有关；全书提出建立移民村的构想，很像是一种“徙民实边”政策，同时还重视城防工事构筑，主张把大量密探派到外国去，扮演各种身份的人，进行侦察破坏活动。[③]

《政事论》关于战争问题的篇幅颇多且散见于各处，涵盖了战争与和平的关系、战争的类别、兵力配备、军事要塞、作战手段、后勤保障、结盟与背盟、缔结和约等问题，具有极为独特的价值。

一、战争与和平的关系

战争与和平的相互关系是思考战争问题的出发点。这一问题的

① Pradeep Kumar Gautam, Saurabh Mishra and Arvind Gupta eds., *Indigenous Historical Knowledge: Kautilya and His Vocabulary* (Vol. 1), Pentagon Press, 2015. Pradeep Kumar Gautam, Saurabh Mishra and Arvind Gupta eds., *Indigenous Historical Knowledge: Kautilya and His Vocabulary* (Vol. 2), Pentagon Press, 2016.

② 中国军事后勤百科全书编审委员会：《中国军事后勤百科全书·二 后勤理论卷》，金盾出版社2002年版。

③ 武文：“世界古代军事后勤思想说要”，《辽宁大学学报（哲学社会科学版）》1997年第2期，第109—112页。

首要关键是对国际关系本质的看法。国际关系的本质是竞争乃至战争，还是合作或者和平？各大文化对这一问题的回答可能是不同的。普遍认为侨底利耶将战争与征服视为常态，并无兴趣在一个保障主权、抵制侵略的和平国际体系之下与其他国家建立稳定关系，甚至《政事论》中的战略同盟政策也主要着眼于与第三方的竞争而非当事双方间的合作。① 战争与和平关系的第二个关键是战和的决定因素。《政事论》在这一问题上持利益决定论，主张和平更有利时就寻求和平，战争更有利时就发动战争。需要补充说明的是，作者仍明确指出，若和平与战争的收益相等则应选择和平，因为战争中会有各种不利情况，诸如损失、耗费、出征在外、各种险阻等。② 这一逻辑也适用于静待与战争的问题（静待可归类为和平手段）。不过说到底，这仍然属于利益决定论而不是某种固有的和平偏好。侨底利耶还表示，若条件适合其与对手媾和就应媾和，若不具备上述条件就应战后再媾和或设法逃脱。③ 极而言之，《政事论》还公开表示，国家面临强敌之时，若实力不济无法取胜且别无他法时，为了维护国家的根本利益，理应全力避战，完全可以屈服乃至投降。这说明，《政事论》对战争的不利影响仍保持必要的警惕，至少在逻辑上战争并非总是最优选项。综上可知，《政事论》认为战争或和平都是维护国家利益的手段，主张根据国家利益决定是战还是和，对二者并无特殊偏好。

---

① Mark McClish, "Non-Aggression Pacts and Strategic Partnerships in Kautilyan Foreign Policy," in Pradeep Kumar Gautam, Saurabh Mishra and Arvind Gupta eds., *Indigenous Historical Knowledge: Kautilya and His Vocabulary* (Vol. 3), Pentagon Press, 2016, pp. 29 – 30.

② R. Shamasastry, op. cit., p. 271. R. P. Kangle, op. cit., p. 325. 朱成明，前引资料，第 305 页。

③ R. Shamasastry, op. cit., p. 312. R. P. Kangle, op. cit., p. 370. 朱成明，前引资料，第 346 页。

憍底利耶对四种战略手段的讨论也有助于说明《政事论》对战争与和平关系的辩证思考。根据《政事论》的论述，四种战略手段的具体内容是妥协（sama）、赠礼（dana）、离间（bheda，或译分而治之）和武力（danda）。[①] 四种手段既可单独使用，也可组合使用，构成极为复杂的政策组合。值得注意的是，《政事论》认为针对不同的对象应有不同的优先政策选项：妥协和赠礼是针对亲近之人的优先手段；离间和武力则是解决国内军民纠纷，以及针对邻国君主的优先手段。[②] 对手的实力是选择战略手段时的重要参考因素：制服虚弱的君主可采用妥协和赠礼两种手段；制服强大的君主就要使用离间和武力；要有效制伏或远或近的对手，就应专用某一战略手段或将所有手段有效结合。[③] 以上内容同样说明，《政事论》对战和并无偏好，战争或和平都被视为制服对手的不同手段，需根据具体情况灵活掌握。

二、三种战争和三种胜利

《政事论》对战争做出颇为宽泛的定义，除了严格意义上的战争

---

① Harjeet Singh, "Military Adages and Stratagems in Kautilya's Arthasastra," in Pradeep Kumar Gautam, Saurabh Mishra and Arvind Gupta eds., *Indigenous Historical Knowledge: Kautilya and His Vocabulary* (Vol. 2), Pentagon Press, 2016, p. 95.

② G. Adityakiran, "Exploring the Concepts of Grand Strategy and Strategic Planning in Kautilya's Arthaśāstra through a Hermeneutical Lens," in Pradeep Kumar Gautam, Saurabh Mishra and Arvind Gupta eds., *Indigenous Historical Knowledge: Kautilya and His Vocabulary* (Vol. 2), Pentagon Press, 2016, p. 44.

③ R. Shamasastry, op. cit., p. 314. R. P. Kangle, op. cit., p. 373. 朱成明，前引资料，第 347 页。

即国家间的大规模有组织武装对抗外，还包括各种或明或暗的激烈对抗手段，具体分为公开战（prakash-yuddha）、诡计战（kuta-yuddha）和秘密战（tusnim-yuddha）三种。[①] 在公开战中，君主应召集军队，公开宣布指定的交战时间与地点。[②] 由此看来，或许将其译为光明正大的战斗要更为确切。诡计战指两国并不公开宣战，却采取一切可能手段（主要是外交、结盟、挑拨离间等）来削弱对方，达到本国目的。为此，《政事论》公开主张收买对手阵营中的愤怒者（16 种）、恐惧者（10 种）、贪婪者（5 种）和傲慢自大者（7 种）。[③] 秘密战专指以暗杀、投毒等手段秘密清除对手，实现战争目的。憍底利耶公开宣称，依托于要塞的君主可考虑使用兵器、火、毒药等杀死出现在近处的敌国君主。[④] 需指出的是，暗杀行动在君主制下能起的作用的确远大于在现代政治制度下能起的作用，将其视为一种单独的战争类型虽比较夸张，但在两千年前的历史背景下也不无可理解之处。《政事论》所设想的暗杀方式五花八门，包括派遣杀手趁乱入宫刺杀，利用对手力图摆脱乱局的时机组织人马伏击，利用进攻所造成的混乱趁乱击杀，挖掘河湖水坝来淹死对手，对手如坚守要塞就施放有毒的火与烟，处于封闭空间就放火，在狭迫之处就放烟，在其居处就直接下毒，在水中可使用鳄鱼等，对手如企

---

① R. Shamasastry，op. cit.，p. 284. R. P. Kangle，op. cit.，p. 339. 朱成明，前引资料，第 318 页。沙玛沙斯特里此处做 open battle，treacherous battle 和 silent battle。康格尔此处做 open war，concealed war 和 silent war。朱成明认为康格尔翻译为隐蔽战有误，此从朱成明说。

② R. Shamasastry，op. cit.，p. 362. R. P. Kangle，op. cit.，p. 440. 朱成明，前引资料，第 401 页。

③ R. Shamasastry，op. cit.，pp. 30 – 31. R. P. Kangle，op. cit.，pp. 30 – 31. 朱成明，前引资料，第 58—59 页。

④ R. Shamasastry，op. cit.，p. 311. R. P. Kangle，op. cit.，p. 370. 朱成明，前引资料，第 345 页。

图逃离着火的住处就直接诛杀。①

值得注意的是，作者对公开战、隐蔽战、无声战这三种战法并无特定偏好。尽管憍底利耶有时会称赞执行公开战的君主，但公开战并不总是优先选择。根据作者的解释，只有军力更为优胜、完成了煽动、就时令做出安排、处于有利地形的君主才可采用公开战，否则就应诉诸诡计战。②

这里要着重探讨一下秘密战。秘密战将一般为人所不齿的投毒作为可用甚至值得推崇的作战手段。为了增加下毒的机会，憍底利耶甚至主张利用一切可能人员来充当间谍，甚至构想以汤汁厨子、饭食厨子、侍浴工、铺床工、理发工、侍妆人以及侍水人等作为专司毒杀的投毒者。③《政事论》还主张使用女性作为战争手段，具体做法包括招募女间谍，以美人计来挑拨离间并制造矛盾，④ 甚至儿童也可以成为战争手段，从事投毒等活动。⑤

既然《政事论》花了不少篇幅讨论投毒的必要性和具体操作等，自然也不会忽略对手向己方投毒的可能，为此也花了一定篇幅来讨论如何防范对手投毒。作者建议君主在寝宫豢养孔雀、獴和梅花鹿，它们可灭蛇，宫廷豢养的鹦鹉、鸫、叉尾伯劳等鸟类闻到蛇或毒也

---

① R. Shamasastry, op. cit., pp. 381 – 382. R. P. Kangle, op. cit., p. 469. 朱成明，前引资料，第 423 页。

② R. Shamasastry, op. cit., p. 361. R. P. Kangle, op. cit., p. 438. 朱成明，前引资料，第 400 页。

③ R. Shamasastry, op. cit., p. 26. R. P. Kangle, op. cit., p. 25. 朱成明，前引资料，第 55 页。

④ R. Shamasastry, op. cit., p. 377. R. P. Kangle, op. cit., p. 463. 朱成明，前引资料，第 418 页。

⑤ R. Shamasastry, op. cit., p. 381. R. P. Kangle, op. cit., p. 468. 朱成明，前引资料，第 422 页。

会鸣叫示警。[①] 由此看来，这些宫廷动物并非用于娱乐的珍禽异兽，反而是类似于警犬的警戒手段。不过，当时的实际情况现在已不得而知。

除了主流战法，《政事论》还谈到另外两种战法即外交战（mantrayuddha）和隐蔽战（gudhayuddha）。[②] 外交战已经不是战场上的拼杀，而是动用妥协（sama）、赠礼（dana）等手段拉拢盟友来打击对手。隐蔽战则指一边使用秘密手段打击对手，一边又与对手保持正常外交联系。由于书中对这两种战法讨论较少且二者与其他战法重合较多，后世讨论战争类型的时候一般将其忽略不计。

《政事论》将胜利分为三种，分别称为法胜（dharmavijay）、利胜（lobbhavijay）、阿修罗式的胜利（asuravijay）。法胜者只要求对方臣服；胜利者寻求劫掠土地和财物；而阿修罗式的胜利者不仅掠夺被征服者的土地、财物、儿女、妇女，而且肆意杀戮。有鉴于此，弱国应针对不同类型的对手采取不同的策略：对法胜者可直接投降，对贪婪者应用财物加以笼络，对阿修罗式的征服者只能用割让土地、缴纳贡赋等方式安抚，脱身之后再设法应对。[③]

① R. Shamasastry, op. cit. , p. 45. R. P. Kangle, op. cit. , p. 49. 朱成明，前引资料，第72页。沙玛沙斯特里的译文列有猫，但康格尔认为有误，因猫并非蛇类天敌。康格尔的看法似与中国人的一般认识有所不同。

② Harjeet Singh, "Military Adages and Stratagems in Kautilya's Arthasastra," in Pradeep Kumar Gautam, Saurabh Mishra and Arvind Gupta eds. , *Indigenous Historical Knowledge: Kautilya and His Vocabulary* (Vol. 2), Pentagon Press, 2016, pp. 94–95. R. Shamasastry, op. cit. , p. 375. R. P. Kangle, op. cit. , p. 461. 朱成明，前引资料，第416页。辛格（Harjeet Singh）此处为 gudhayuddha 并注明出处为康格尔，但康格尔原书此处为 kutayuddha，并认为此处的 kutayuddha 不同于此前提到的诡计战。考虑到二者的区别并参考辛格的行文，这里将其处理为隐蔽战。

③ P. K. Gautam, *One Hundred Years of Kautilya's Arthasastra*, Institute for Defence Studies and Analyses, July 2013, p. 35. R. Shamasastry, op. cit. , pp. 375–376. R. P. Kangle, op. cit. , p. 460. 朱成明，前引资料，第416页。

需指出的是，尽管《政事论》中的战法类型和胜利类型都是三种，但二者并无直接对应关系。前文已述，憍底利耶认为公开战、诡计战和秘密战中的任何一种均无明显的优先性，具体采用何种战法应因时因地而定。但憍底利耶在法胜、利胜和阿修罗式的胜利之中有明显偏好，认为法胜最为可取，利胜和阿修罗式的胜利则一个比一个恶劣、一个比一个不足取。即使从获胜方的角度来看，后两者也是不可取的，因为这种恶劣的胜利将导致对手激烈反抗，给胜利者带来额外的麻烦。在这两组范畴之中，或许只有公开战和法胜之间看起来有些联系，不过二者一个是战争手段和过程，另一个是战后治理模式，差异仍然明显。有些研究将法胜视为法战（dharma-yuddha）并进而将其称为“正义战争”甚至是“自卫战”，这是没有文献依据的。[①] 实际上，法战虽然在其他文献中出现过，但《政事论》并未提到这一概念，不应混为一谈。[②]

三、兵种与军备

憍底利耶高度重视军队，将其作为国家七要素的第六项。现代民族国家只有单一的国民军，国家在理想状态下完全垄断国内的有组织暴力。与此迥然不同的是，古代社会特别是孔雀王朝前后的古

---

① T. B. Mukherjee, *Inter-State Relations in Ancient India*, Meenakshi Prakashan, 1977, pp. 154 – 155.

② Pradeep Kumar Gautam, “Understanding Kautilya’s Arthasastra: Origination, Migration and Diffusion,” in Michael Liebig and Saurabh Mishra eds., *The Arthasastra in a Transcultural Perspective: Comaring Kautilya with Sun-Zi, Nizam al-Mulk, Barani and Machiavelli*, Pentagon Press, 2017, p. 99.

印度君主能动用的武装力量种类繁多，憍底利耶将其大致分为世袭职业军（maula）、雇佣军（bhrta）、团伍军（sreni）、友邦军（mitra）、敌国之军（amitra）以及丛蛮军或部落军（atavi）等。[①] 憍底利耶认为最有利的是世袭职业军，其次是雇佣军，再次是团伍军，然后依次是友邦军、敌国之军和丛蛮军。[②]

有趣的是，《政事论》按战斗力强弱把军队分成四等，在临兵对阵方面提出两种相互矛盾的主张。一种主张认为应将最弱的部队（phalgu）置于阵前，然后依次布置稍强的三级部队（trtiyasaram）和最强的一级部队（saram），次强的二级部队（anusaram）负责压阵。憍底利耶表示，最弱的部队打头阵有利于保存实力更强的部队；敌手与己方最弱部队作战时，将领可趁机调动强悍部队包围对手并将其消灭。这一原理颇类似于中国人所熟悉的“田忌赛马”。不过在其他地方，憍底利耶又反过来主张让最强部队打头阵，将更弱的部队部署在后方。[③] 这种相互矛盾的态度或许正是《政事论》文本历年层累而成的一种反映。

《政事论》将步兵（patti 或 padati）、骑兵（asva）、车兵（ratha）

① Harjeet Singh, “Military Adages and Stratagems in Kautilya's Arthasastra,” in Pradeep Kumar Gautam, Saurabh Mishra and Arvind Gupta eds., *Indigenous Historical Knowledge: Kautilya and His Vocabulary* (Vol. 2), Pentagon Press, 2016, p. 91. R. Shamasastry, op. cit., p. 340. R. P. Kangle, op. cit., p. 409. 朱成明，前引资料，第 376 页。朱成明称，团伍军似乎是一种在聚落中成长起来的半正规武装，可能是被政府收编的民间武装，甚至可能包括被政府招安的贼伙，团伍军应该只有步兵。见朱成明，前引资料，第 284 页。

② R. Shamasastry, op. cit., pp. 341 – 342. R. P. Kangle, op. cit., p. 412. 朱成明，前引资料，第 378—379 页。

③ Harjeet Singh, “Military Adages and Stratagems in Kautilya's Arthasastra,” in Pradeep Kumar Gautam, Saurabh Mishra and Arvind Gupta eds., *Indigenous Historical Knowledge: Kautilya and His Vocabulary* (Vol. 2), Pentagon Press, 2016, p. 92.

和象兵（*hasti*）合称为四兵军（*chaturangabala*）。[①] 据估计，孔雀王朝立国君主旃陀罗笈多的军队由步兵60万、骑兵30万、象兵3.6万和车兵2.4万组成。[②] 步骑车兵在世界各地都差别不大，但象兵属南亚特产，值得重点说明。大象是南亚特产，行动缓慢但形体巨大，皮厚力大，与血肉之躯的单兵对阵之时颇有威力，不仅可有效破坏对方阵形，更能形成强大的心理威慑。驱象作战自古以来一直是印度流行的主流战法，象兵也是主力兵种之一，所以憍底利耶才会公然表示杀伤敌军主要靠象。不过训养战象并操练象兵要耗费巨大的人力物力，只有大国才能考虑，所以《政事论》专门把豢养大象的象林列为国家的战略资产，[③] 象兵多寡也成为判断大国实力的重要指标。

《政事论》还罗列了各种军备，包括投射或射击器械如“万方妙胜”（Sarvatobhadra，类似于投石机）、“百口”（Bahumukha，射击塔）、“背信”（Visvasaghatin，投木机）、“衍那迦”（Yanaka，可投掷圆木的翻转机）、“高空臂”（Urdhvabahu，机器释放的作战用重型柱子）、“半截臂”（Ardhababahu，以上装备的缩小版）、“炽焰”（Jamadagnya，类似于弩机）、“阿式迫支摩”（Asphatima，弩机）；交通设备或攻城设备如“双臂”（Bahu，阻断道路的装备）、“棕榈扇”（Talavrinta，扬尘机）、“般遮利迦”（Panchlika，用于渡过壕沟

---

① Harjeet Singh, “Military Adages and Stratagems in Kautilya’s Arthasastra,” in Pradeep Kumar Gautam, Saurabh Mishra and Arvind Gupta eds., *Indigenous Historical Knowledge: Kautilya and His Vocabulary* (Vol. 2), Pentagon Press, 2016, p. 91.

② U. C. Jha, “Methods and Means of Warfare: Kautilya and Contemporary Laws of Armed Conflict,” in Pradeep Kumar Gautam, Saurabh Mishra and Arvind Gupta eds., *Indigenous Historical Knowledge: Kautilya and His Vocabulary* (Vol. 2), Pentagon Press, 2016, p. 65.

③ R. Shamasastry, op. cit., p. 299. R. P. Kangle, op. cit., p. 356. 朱成明，前引资料，第333页。

的木板）、“天神杖”（Devdanda，用于攀越墙体的木梁）、“苏加利迦”（Sukarika，装满棉花或羊毛的皮包袱，置于塔楼四周）、“优陀加支摩”（Udhghatima，破拆塔楼的机器）；火攻设备如“僧伽支”（Samghati，以长杆纵火的设备）和“雨神机”（Parjanyaka，泵水灭火机）；尖锐兵器如“舍吉提”戈（Sakti）、“般罗娑”镖（Prasa）、长枪（Kunta）、“三头枪”（Hataka）、“宽刃枪”（Bhindipala）、矛（Sula）、“箭头”枪（Tomara）、“熊耳镖”（Varahakarna）、“双头戟”（Kanaya）、“劫利波讷镖”（Karpana），以及长棍（Musalayashti）、“阻象”（Hastivarka，多尖矛，用于刺象）、锤（Mudgara，由机器投掷的锤）、棒（Gada，棒杖之类）、狼牙棒（Spriktala，有尖钉的棒杖）、“百人斩”（Sataghni，锯齿）、三叉戟（Trisula）、“飞轮”（Chakra，做武器用的碟状物）；弓与箭，根据不同的材质和种类分别称为“霓虹”弓（Karmuka）、“眉弯”弓（Kodanda）和“蝎”弓（Druna）等；剑，包括“无情”剑（Nistrimsa，顶端弯曲）、“圆顶”剑（Mandalagra，顶端为圆形的直剑）、“锋锷”剑（Asiyashti，又细又长）等；砍刺兵器，包括波罗须斧（Parasu，弯刀）、鞠吒罗斧（Kuthara）、铲（Kuddala）、波至瑟斧（Pattasa）、“斩末”斧（Kandachhedana，一种大斧）；战甲，包括金属环甲（Lohajalika，金属环制成的甲衣）、金属片甲（Pattajalika，金属片制成的甲衣）、绳线甲（Sutrakankata，纤维制成并填以棉花、羊毛及毛发等），以及相关的配件如头盔（Sirastrana）、护颈（Kanthatrana）、护胸（Kurpasa，胸背甲）、罩袍（Kanchuka，长及膝盖的锁子甲）、盔甲（Varavana，长及脚踝的羊毛外罩）、马甲（Patta，非金属的无袖甲衣）、护股（Nagodarika，腿甲或拳甲）。①

以上列举的军备中，既有一般性的近战冷兵器如刀、矛、剑、戟、斧，也有各种防护装备，还有远程装备如弓、箭、弩、投石机或各种投掷器等以及火攻器械，由此构成完整的远近战和攻防军械体系。更值得注意的是，其中还有一些特制的大型器械如攻城器、塔楼破拆机，交通工具如渡河或攀越城墙的器械等。如果这些信息反映了历史的真相，那么当时的印度军队应该有庞大的后勤部队，并配备有不少工程兵、机械兵之类的技术兵种，维护这些装备也需要一支专业队伍，其设计与生产也需专业队伍才能胜任。

对于军备与士兵的素质与数量孰轻孰重这一难题，《政事论》遵循其典型文风，在讨论战象多寡之时罗列了两种完全相反的观点。一种观点认为，少量的钝象优于大量的猛象，因为猛象可消灭大量的钝象，击溃其所属军队。另一种观点即憍底利耶的观点认为大量的钝象更为优越，原因有二：第一是钝象可做很多工作，成为己方庇护；第二是严格执纪、严格训练等手段可将钝象训练成猛象，② 从而将量的优势转变为质的优势。《政事论》对这一问题的讨论到此戛然而止，并未明确指出两种观点哪一种更为可取。不过从讨论的详细程度来看，《政事论》显然是倾向于憍底利耶的看法。憍底利耶在另一处又指出，不顺服的军队优于分散的军队，因为前者还可设

---

① Harjeet Singh, "Military Adages and Stratagems in Kautilya's Arthasastra," in Pradeep Kumar Gautam, Saurabh Mishra and Arvind Gupta eds., *Indigenous Historical Knowledge: Kautilya and His Vocabulary* (Vol. 2), Pentagon Press, 2016, p. 87. R. Shamasastry, op. cit., pp. 105 - 106. R. P. Kangle, op. cit., pp. 132 - 133. 朱成明，前引资料，第 136—137 页。兵器名称的翻译主要参考了朱成明的译法和辛格（Harjeet Singh）的解释。

② R. Shamasastry, op. cit., p. 302. R. P. Kangle, op. cit., pp. 359 - 360. 朱成明，前引资料，第 336—337 页。沙玛沙斯特里将此处理解为"人"，而康格尔和朱成明均理解为"象"，此从康格尔和朱成明说。

法使其顺服，而后者专力于各种事业，难以集中起来，[1] 反映的同样是“数量优先论”的思路。

以现代观点来看，这种“数量优先论”或许并不可取。不过在古代，军队的军备水平、机械化程度等往往相差并不太大，数量差距的客观效果要远大于近代特别是机械化作战兴起以来的情况。当然，憍底利耶对这一主张也附加了各种各样的限制条件，所主张的并非绝对而纯粹的“数量优先论”。一方面，《政事论》关于刹帝利军队优于婆罗门军队的论述本身就是对“数量优先论”的最大制约，因为刹帝利军队之所以更为优越，原因在于其种姓和训练，种姓本身其实也包含了训练问题（不仅是日常训练，更涉及世代受训、家学渊源等因素，因为以作战为业的刹帝利理论上应世世代代接受相应训练）。另一方面，憍底利耶也主张以严格训练来操练钝象，使其在将来成为猛象，以此大幅提升战斗力。在这里，《政事论》实际上已将“量”的问题转变成“质”的问题，在很大程度上已脱离了“数量优先论”。

四、军事要塞与军事情报活动

与军事行动密切相关的另一个问题是要塞。憍底利耶正确地指出要塞对国家安全的重要意义，将其列为国家七要素之一。换言之，对憍底利耶来说，立国而没有要塞的情况是不可想象的。要塞的价

① R. Shamasastry, op. cit. , p. 294. R. P. Kangle, op. cit. , p. 350. 朱成明，前引资料，第 328 页。

值首先在于它们是极端重要的防御工事，可以沉重打击对手。面对坚实的要塞，对手虽有大军，也无法阻断其粮食、草料、柴禾、水源，反而会遭受沉重的人力财产损失。[①] 其次是因为要塞可以营造对己方更为有利的军事态势。《政事论》认为，面对难以攻克的要塞，对手将不得不承受人力物力的巨大损耗，然后在糟糕的地点和糟糕的时间抵达战场，此时对手已因前期消耗而完全虚弱无力，结果自然不问可知。更重要的是，一个个的要塞并非孤立的据点，更可相互构成完整的战略体系。由于一路遍布要塞，对手必须付出巨大的人力财力代价才能顺利推进。在这一过程中，对手既无法为本国军队和友军寻找到有利地形和有利时节，又会遭受疾病困扰，整个行军过程将令其精疲力竭，极而言之甚至可能有来无回。[②] 忄乔底利耶在《政事论》中将要塞分为四种，分别是山间要塞（parvata）、江河要塞（audaka）、沙漠要塞（dhanvana）和林中要塞（vanadurga），[③] 另一处又将其简化为山间要塞、江河要塞和平原要塞，并明确指出山间要塞优于江河要塞，江河要塞优于平原要塞，[④] 原因在于三者的防御能力依次递减，或者说对手要攻占这些要塞的难度依次递增。

"知己知彼，百战不殆。"情报是战争的另一大要素，在《政事论》中也得到较多讨论。前文已集中讨论了忄乔底利耶对谍报工作的

---

① R. Shamasastry, op. cit., p. 311. R. P. Kangle, op. cit., p. 369. 朱成明，前引资料，第 345 页。

② R. Shamasastry, op. cit., pp. 311 - 312. R. P. Kangle, op. cit., pp. 370 - 371. 朱成明，前引资料，第 345—346 页。

③ Harjeet Singh, "Military Adages and Stratagems in Kautilya's Arthasastra," in Pradeep Kumar Gautam, Saurabh Mishra and Arvind Gupta eds., *Indigenous Historical Knowledge: Kautilya and His Vocabulary* (Vol. 2), Pentagon Press, 2016, p. 94. R. Shamasastry, op. cit., p. 55. R. P. Kangle, op. cit., p. 61. 朱成明，前引资料，第 80—81 页。

④ R. Shamasastry, op. cit., p. 297. R. P. Kangle, op. cit., pp. 354 - 355. 朱成明，前引资料，第 332 页。

论述，这里仅再集中论述其与军事情报相关的内容。与一般性的谍报工作保持一致的是，《政事论》认为军事情报工作的两大主体分别是外交使节和谍报人员。

《政事论》认为，搜集战略与军事情报是外交使节的重要工作。首先，外国君主的对本国的态度是最重要的战略情报，对其做出准确判断是使节的最重要使命。使节应充分利用会见对方君主的机会察言观色，根据对方是否给予使团尊重的接待、是否给予靠近王座的座位、是否给予体面的招待等细节，准确判断对方对本国是否友好。其次，使节还应与对方官员广交朋友，了解各种情报特别是有价值的军事情报。他应想方设法详细了解对方的要塞与国土的规模和面积，储藏宝物的据点、弱点，以及不可战胜之处。再次，除了高层政军情报，使节还需要了解对方的社情民意等基层情报，借此了解对方人民是否忠诚，由此侦察出可以攻击的弱点，① 最终服务于本国的军事行动。

尽管使节承担着广泛的情报职能，但这一领域最主要的行为体仍然是专业的间谍。《政事论》主张广招间谍，高度重视间谍的对外谍报工作，为其规定了情报搜集、协助本国使节或人质等派遣人员、挑拨离间、煽动不满、投毒暗杀等各种繁重任务。憍底利耶主张间谍应无孔不入，强调情报应交叉复核：相互吻合则信息可靠，如经常不一致就应将涉事间谍除去。他还主张将谍报活动集中于专门的情报点，对间谍要加强管理考核，奖惩结合。②

---

① R. Shamasastry, op. cit., pp. 35 – 36. R. P. Kangle, op. cit., pp. 37 – 39. 朱成明，前引资料，第63—65页。

② R. Shamasastry, op. cit., pp. 26 – 27. R. P. Kangle, op. cit., pp. 25 – 26. 朱成明，前引资料，第55—56页。

五、战争伦理

一般认为《政事论》持典型的现实主义政治观。具体到战争问题，《政事论》对战争伦理的处理可分为发动战争、实际作战以及战后治理这三个轻重有别的层面，其重要性依次递减。在战争的发动方面，《政事论》将战争视为政治生活的常态，认为战争是一种有用的政策工具，主张国力正在增强者应发动战争，如具有明显优势或能破坏对方的事业就应备战，[①] 对遭遇灾患的敌国可予以攻击，对无庇护或庇护孱弱的邻国可将其瓦解，否则就应加以遏制或削弱。[②] 由此可见，对于是否发动战争、何时发动战争、向谁发动战争等问题，《政事论》均从实力角度考察，伦理因素是基本不考虑的。在实际作战的层面，作者将战争分为公开战、诡计战和秘密战三种。[③] 公开战无疑是伦理上最正当的战法，但《政事论》公开表示只有能确保自己处于有利地位的君主才可采用，否则就应转而采用诡计战等，[④] 即采用谋略、离间对手、暗杀、投毒等手段。由此可见，《政事论》在战法选择上虽有一定的伦理考虑，但分量并不算重，远不足以压倒

---

① R. Shamasastry, op. cit., pp. 268, 270. R. P. Kangle, op. cit., pp. 321 – 324. 朱成明，前引资料，第 302、304 页。

② R. Shamasastry, op. cit., p. 265. R. P. Kangle, op. cit., p. 318. 朱成明，前引资料，第 298 页。

③ P. K. Gautam, *One Hundred Years of Kautilya's Arthasastra*, Institute for Defence Studies and Analyses, July 2013, p. 36.

④ R. Shamasastry, op. cit., p. 361. R. P. Kangle, op. cit., p. 438. 朱成明，前引资料，第 400 页。

实力因素。《政事论》在战后治理方面表现出更强烈的伦理考虑，主张公正对待对方民众，反对滥杀对手，认为攻克要塞之后以下人员应不受伤害：1. 阵前投降者（patita）；2. 转身者（paranmukha）；3. 投降者（abhipanna）；4. 解落头发（以示顺服）者（muktakesh）；5. 放下武器者（muktasastra）；6. 因恐惧而变色者（bhayavirupa）；7. 未参加战斗者（ayudhyamana）。① 作者这里没有详细解释其缘由，但根据上下文，这应该是出于现实的考虑，即只有正义才能令对方民众顺服，避免激烈反抗，严酷的不义统治只能加剧反抗，反噬自身。尽管如此，这里的伦理取向还是比其他两方面要强烈很多，这种差异是显而易见的。

综上，《政事论》对战争问题的讨论确实涉及颇为丰富的伦理因素，但这些考虑与实力、利益等的分量完全不可同日而语：伦理考虑并不出现在决定是战是和的第一层次；其分量在作战层次和战后治理的层次逐步增加，但仍不起主导作用；综合观察可发现，在三个层次中发挥决定作用的仍然是务实的功利主义而不是伦理道德。考虑到这种态度，那种认为《政事论》持“非道德”战争观的常见看法虽不完全准确，仍然是不无道理的。

---

① Harjeet Singh, "Military Adages and Stratagems in Kautilya's Arthasastra," in Pradeep Kumar Gautam, Saurabh Mishra and Arvind Gupta eds., *Indigenous Historical Knowledge: Kautilya and His Vocabulary* (Vol. 2), Pentagon Press, 2016, p. 94. R. Shamasastry, op. cit., pp. 396 - 397. R. P. Kangle, op. cit., p. 490. 朱成明，前引资料，第 440 页。

六、简短评价

《政事论》蕴含了极为丰富的军事思想，既包括比较形而上的讨论如战争与冲突是人类政治生活的本质还是偏离、战和的决定因素、战争中的利益与伦理等，也包括各种具体问题如不同的战争形态、不同后果、军队的兵种构成、军备情况、军事要塞等，对军事情报工作也有较多讨论。

综合以上信息可得出两点结论。第一点是《政事论》持全面战争观。[①] 对作者来说，战争是政治生活的常态，战争要素（军队、要塞、财富、盟友）占了国家七要素的一半以上，对国土、交通、行政管理等问题的讨论也在很大程度上围绕扩大权力、提升作战实力展开。《政事论》颇有创造性地提出公开战、诡计战、秘密战、外交战和隐蔽战等多种战争形态，甚至将投毒、暗杀、以妥协或赠礼等手段拉拢盟友打击对手，以及阳奉阴违的两面策略等界定为战争。因此，将这种战争观称为全面战争观是合适的。

第二点是《政事论》持权力制胜观。古代社会经常将战争的胜负归于冥冥神意，或归于神秘主义的不可知论。古印度宗教思想长期盛行，影响很大，遵循这种神秘主义思路其实并不令人奇怪。然而，《政事论》恰恰相反，强烈主张战争的制胜要素并不神秘，对敌我双方的军队、要塞、军事情报、地利、民心、盟友等因素加以综

① 张金翠：“《政事论》与印度外交战略的古典根源”，《外交评论》（外交学院学报）2013 年第 2 期，第 122—123 页。

合考虑、相互对比，就能掌握制胜的法门，预测战争的成败。考虑到这种情况，印军退役少将桑都（Gurcharn Singh Sandhu）高度评价《政事论》，认为作者“尽力将战争转变为因果要素可预计的博弈”，[1] 从而将军事转变成一种克敌制胜的“科学”。由此不难了解，《政事论》何以能在世界军事思想史上牢牢占据一席之地，且其思想至今仍能给研究者以多方面的启迪。

① P. K. Gautam，“One Year of Arthasastra：Response，Pedagogy and Research，” in Pradeep Kumar Gautam，Saurabh Mishra and Arvind Gupta eds.，*Indigenous Historical Knowledge：Kautilya and His Vocabulary*（Vol. 2），Pentagon Press，2016，pp. 116 – 117.

第五章 《政事论》思想与西方现实主义国际关系理论的比较

《政事论》思想与西方现实主义国际关系理论的比较是个饶有趣味的问题。自《政事论》在20世纪重见天日以来，这种比较就一直非常流行，得出的结论虽有差异，总的来说仍普遍认同《政事论》与现实主义国际关系理论的一致性。美国学者罗杰·博舍（Roger Boesche）将憍底利耶称为历史上“第一位伟大的政治现实主义者”，认为《政事论》是古代世界一部重要的政治学著作，其政治观点与修昔底德、马基雅维里、霍布斯、克劳塞维茨等人惊人地相似。[①] 在21世纪的今天，面对国际关系理论不断发展的实际情况，本着反本溯源、革故鼎新的精神，学界仍有必要重新梳理、反思二者的关系。以下先简要介绍现实主义国际关系理论的若干侧面，然后围绕几个具体要点进行深入探讨。

① Roger Boesche, *The First Great Political Realist*: *Kautilya and His Arthashastra*, Lanham: Lexington Books, 2002.

一、现实主义国际关系理论要旨

现实主义国际关系理论奠基人汉斯·摩根索在《国家间政治》（*Politics among Nations*）一书中首次明确、系统地提出著名的现实主义六原则，其成为判断现实主义的试金石。六原则的第一条就是“政治现实主义认为政治与一般的社会事务一样，都受到植根于人性之中的客观规律支配”，[①] 而人性的本质是恶。这一学派认为“人性恶”不可改变（所谓“客观规律”），否则便不能称为人“性”（nature）了。[②] 人性恶导致国家也性恶，恶的人性表现在人际关系之中就是激烈而频繁的人际冲突，表现在国家层面就成为国际冲突。英国历史学家爱德华·卡尔（Edward Carr）在其《二十年危机》（*The Twenty Year's Crisis*）中已详细批判了利益和谐论，而摩根索则进一步指出“定义为权力的利益是政治现实主义在国际政治的原野中寻求路径的主要路标”。[③] 不同的个人、不同的国家都在竞争权力，而权力具有强烈的排他性：一国成功获取权力就意味着别国难以与其

---

① Hans J. Morgenthau, *Politics Among Nations*: *The Struggle for Power and Peace* (7th Edition), Peking University Press, December 2004, p. 4（《国际间政治：寻求权力与和平的斗争》第7版，北京大学出版社原版影印）。

② 汉语的“性”字本来就含有“与生俱来，因而难以改变”的含义。英语的 nature 则有“本性、本质”之意。而所谓的本质也就是某事物区别于其他事物的属性，一旦丧失了这一属性，该事物也就丧失了其同一性，也就不再成其为同一事物了。而只要该事物还成其为自身，就必然仍具备其本性或本质。

③ Hans J. Morgenthau, *Politics Among Nations*: *The Struggle for Power and Peace* (7th Edition), Peking University Press, December 2004, p. 5（《国际间政治：寻求权力与和平的斗争》第7版，北京大学出版社原版影印）。

分享这一权力。更重要的是，权力具有鲜明的相对性，一国权力地位的上升必然意味着其他国家权力地位的相对下降。而对国家安全来说，最重要的恰恰不是权力的绝对量，而是一国在国际权力格局中的相对地位，特别是相对于其潜在或现实对手的地位。因此，国家利益从根本上说呈现强烈的竞争性而不是和谐性。现实主义特别指出，和平并不见得符合所有国家的利益（尽管鲜有人会公开主张战争），各国普遍追求和平甚至永久消除战争的可能性其实并不存在。一部分国家对国际权力和利益分配的现状感到满意或基本满意，因而不愿改变现状。国际和平符合这些国家即维持现状国家的利益，因为在和平状态下，它们所中意的现状不会受到武力破坏，而以和平手段改变现状则难上加难。但对于某些对现状严重不满的国家（修正主义国家）来说，和平反而限制了它们以武力改变对其不利的国际权力利益分配格局，即国际和平很多时候并不符合修正主义国家的利益。人性恶决定了国家性恶，而人性是难以通过教育、文明、舆论等改变的。既然人性难以改变，那么国家的本性也就相应地难以改变，国际冲突与战争也由此成为难以改变的常态。国际体系是国家竞相角逐的赛场，是国家决定了国际体系而不是相反的。从这一立场出发，经典现实主义认为人性、国家性以及国际体系都无法根本改善，国家只能相机调整以谋取本国的最大利益。国际战争无法避免，只能尽力调整其爆发时机、冲突烈度、解决方式等，以此来实现国家利益最大化。

不过人性论说到底是个哲学问题，对人性到底是善是恶、到底能不能改进的争论从本质上说是个形而上的问题，而且历来就有极端对立的答案。将国际关系这一实践性极强的学科建立在说不清道不明的哲学问题上说到底并不能令人满意，也难以回答社会科学和自然科学方法对其提出的责难，更何况国际关系说到底还是国与国之间的关系而不能等同于人与人之间的关系，从人际关系直接类推国际关系仍然是可疑的。将国际关系理论从人性论这样的哲学问题拉回现实的是新现实主义。新现实主义首次明确提出个人、国家、国际体系三个论证层次，进而指出个人层次（也就是所谓的人性论）与国家层次均不足以说明国际关系的实质，只有国际体系才能说明国际关系的实质。与国内体系相比，国际体系最重要的特征是其无政府性。肯尼思·沃尔兹（Kenneth N. Waltz）将国内政治和国际政治对比之后指出："国内政治是权威、管理和法律的领域。国际政治是权力、斗争和协调的领域。国际领域明显是一个政治性领域。国内领域被不同地描述为等级制的、垂直的、集权的、一致的、受领导的和后天规定的；而国际领域则是无政府的、水平的、非集权的、统治的、不受指导的和相互适应的。"① 由于具备普遍权威的世界政府并不存在，各国不得不依靠自助手段谋求安全。甲国为了自身安全会加强军备，这或许仅仅是为了有备无患，却必然会引起乙国疑虑，促使其加强军备。上述情况会反过来刺激甲国，促使其进一步强化军备。这又会加深乙国的疑虑，促使其以对等甚至更大的力度来强化军备。如此反复循环，就形成所谓的"安全困境"。新现实主义的逻辑可以概括为：国际无政府体系——自助安全体系——安全困境——冲突与战争难以避免。由于国际无政府体系的结构性制约，任何在个人或国家层面的举措都无力根本性地改变国际冲突格局。新现实主义从不同的路径出发论证经典现实主义的若干重要论断和理论内核，对国际关系的看法也秉持经典现实主义的悲观态度，认为和平只能小心维护，却没有根本保障。新现实主义是西方国际关

① 肯尼思·沃尔兹著，胡少华、王红缨译：《国际政治理论》，中国人民公安大学出版社1992年版，第3页。

系理论的分水岭，它令国际关系研究真正成为一门科学，此后国际关系研究中对人性善或恶的哲学争论越来越少（当然，这种争论本身仍有重要意义），而对国际体系的各种细致研究却大行其道，量化方法也受到重视。①

然而，国际无政府体系果然是个毫无疑问的客观现实吗？对这一问题的不同回答推动了西方国际关系理论的进一步发展。一些新现实主义者认为霸权国可以为国际体系提供秩序，压制挑战者，提供国际公共产品，从而在事实上削弱无政府性，保障国际和平与安全，这派学者就是霸权稳定论者。② 霸权成本极为高昂（当然收益也很大），一个霸权国难以长期维持霸权，但它可以与其他国家分担成本，还可以推进霸权后合作，以此实现无霸权的合作治理。此外，霸权国在衰落后也可借助制度霸权继续维护有利于自身的国际秩序。不难看出，新现实主义的霸权后合作论与制度霸权论和新自由主义的国际合作论、相互依存论、国际机制论等的相通之处甚多。对霸权问题的另一研究领域是霸权国兴起的原因、过程、维护霸权的方式、霸权衰落的原因、霸权转换的方式，即霸权周期论、领导长周期论的研究内容。国际体系论则倾向于探讨另一问题即国际体系的极化问题：是单极，还是两极，抑或是多极有利于稳定。此外，文明冲突论③为解释国际冲突提出与传统的大国权力冲突模式不同的文

① James E. Dougherty, Robert L. Pfaltzgraff, Jr., *Contending Theories of International Relations: A Comprehensive Survey* (5th Edition), Peking University Press, September 2004, pp. 63–96（《争论中的国际关系理论》第5版，北京大学出版社原版影印）。从新旧现实主义的别称也可看出二者区别，经典现实主义以人性为出发点，有人称之为人性现实主义，而新现实主义以国际体系为基础，因而也称为结构现实主义。

② 秦亚青：《霸权体系与国际冲突：美国在国际武装冲突中的支持行为（1945—1988）》，上海人民出版社2008年版，第179—181页。

③ 作为新保守主义者，塞缪尔·亨廷顿显然难以被归入自由主义者之列。鉴于亨廷顿强调冲突，将他视为国际关系现实主义者较为合理。

明冲突模式。亨廷顿的主张实际上将世界分成不同的文明共同体，认为它们内部协调一致，相互之间则矛盾重重。

总结起来，可以将现实主义国际关系理论概括为国际安全悲观论、权力政治论、对道德的淡漠态度等三方面，其具有国家中心主义、冲突倾向等突出特征，更为关注相对收益而非绝对收益。另有研究将现实主义的要点概括为：人性具有进攻性，国际关系总是充满了冲突特别是战争，国家的军事安全至关重要，国际关系中的进步极为困难。[①] 以下试将《政事论》与现实主义国际关系理论做一对比。

二、国际安全悲观论

现实主义对国际安全持悲观态度，认为无政府状态是给定的，人性是不变的，国际不安全状况难以根本改变，要维护普遍的国际安全必然徒劳无益，国家只能尽力维护本国脆弱而动态的安全。[②]《政事论》同样表现出类似的悲观态度，甚至有过之而无不及，因为憍底利耶时代的国家生存环境比民族国家时代要危险得多，先后有十六雄国相互攻伐、亚历山大东征、印度统一等时代巨变，各国均以死相博，陷于你死我活的残酷斗争之中。相比之下，民族国家体

---

① Roger Boesche, *The First Great Political Realist: Kautilya and His Arthashastra*, Lexington Books, 2002, p. 3.

② James E. Dougherty, Robert L. Pfaltzgraff, Jr., *Contending Theories of International Relations: A Comprehensive Survey* (5th Edition), Peking University Press, September 2004, pp. 64 – 67（《争论中的国际关系理论》第5版，北京大学出版社原版影印）。

系之下的国家一般还不至于面临毁灭性打击，其基本生存是有保障的，古今对照可以证明现代国家的生存率要高很多。

《政事论》未正面论述对人性的看法，但全书字里行间对人性充满了严重的怀疑情绪。作者站在君主的立场，对君主的妻子和儿子、辅臣、将领、普通国民甚至修行者都充满了怀疑。可以说，除了对君主本人没有怀疑，作者对任何人都是不信任的。对人性的强烈不信任导致《政事论》公开宣称，君主之患既可来自外部，也可来自内部，而内患的危害可能还甚于外患。① 全书积极主张严密监控自己人，比如《政事论》中广受争议的间谍手段，一多半倒是用来进行内部甄别的。中外研究者多认为，憍底利耶主张建立一个间谍和密探无处不在、无孔不入的警察国家。有文献称《政事论》对人性及其弱点，以及统治者及其心腹如何利用这些弱点，持纯粹的怀疑或愤世嫉俗的态度。② 这种说法应该是不为过的。

《政事论》未直接论述国际秩序的起源和演变，但对政治秩序的起源有明确的论述，认为惩罚措施缺位将导致无序状态，即“鱼的法则”（Matsya Nyaya，The Law of Fishes）所表述的大鱼吃小鱼、小鱼吃虾米的状态，同样的状态在西方被称为“丛林法则”（The Law of Jungles）。憍底利耶表示，若没有施加刑惩者（dandadharabhave，即君主），强者将吞并弱者；只有在君主的保护之下，弱者才能变强。③ 由此可以推导出《政事论》对国际秩序的基本看法，即鉴于国家之间同样处于无政府状态（国家之上并无更高权威），“鱼的法

---

① R. Shamasastry，op. cit.，p. 325. R. P. Kangle，op. cit.，p. 390. 朱成明，前引资料，第 361 页。

② “大英百科全书在线” Artha-shastra 词条（http：//global. britannica. com/topic/Artha-shastra），2017 年 1 月 15 日访问。

③ R. Shamasastry，op. cit.，p. 13. R. P. Kangle，op. cit.，p. 10. 朱成明，前引资料，第 41 页。

则”必然成为支配性的力量，你死我活的斗争包括战争与冲突将成为常态：只要具备必要的实力，国家就会主动进攻他国，这是生与死的问题，不是对与错的问题。《政事论》并未探讨如何改变甚至终结这种状态，但根据上述逻辑，唯一的办法只能是树立超越各国的强制性权威。既然在当时的古印度不可能建立强制性的集体安全机制，剩下的选择就只能是将次大陆统一在“普世”君主即转轮王（Cakravartin）治下，从而实现自上而下、无远弗届的王权统治。

以上说明，《政事论》对国际安全的悲观态度、对人性的悲观态度、关于国际政治起源的看法、对国际秩序长期趋势的看法，与现实主义国际关系理论均保持高度一致。

三、权力政治论

现实主义高度重视国家的权力。“权力”在国际政治中的含义完全不同于在国内政治中的含义。在国内政治中，权力指的是国家机关或政府官员按照法律授权而获得的职权；但在国际政治中，权力指的是国家因客观实力而产生的强制力，对应于英文的 Power，用摩根索的话来说，就是能够有效地改变对手的行为，实现“非此则不可实现”的效果。① 现实主义认为人性和国际无政府状态决定了国际不安全状态难以改变，各国要维护自身的安全，权力是唯一可信的有效手段。

① 倪世雄等：《当代西方国际关系理论》，复旦大学出版社 2001 年版，第 263—265 页。

国际关系学界高度重视权力，但又普遍认为权力是难以量化的。美国学者克莱因（Ray S. Cline）提出的克莱因方程有助于粗略地评估国家的权力。[①] 这一公式的写法是：PP =（C + E + M）×（S + W），PP 是所认知的权力（perceived power），C 为人口和领土等关键要素（critical mass），E 为经济实力（economy），M 为军事实力（military），S 为战略意图（strategical purpose），W 则代表国家意志（will）。这一公式的过人之处在于明确指出，国家权力各要素并非简单并列的关系，而是有机的整体。克莱因公式中的权力要素实际上可分为两大板块，其中 C + E + M 构成权力的客观部分或者说物质基础，S + W 则构成权力的主观部分或曰精神支撑。两大板块内部诸要素可相互置换，也就是说，经济实力、军事实力、人口土地等可以相互弥补，战略意图和国家意志也可相互弥补。但权力要素在两大板块之间是不可通约的：军事实力的优势不能弥补战略意图上的弱点，而坚定的国家意志也无法替代必要的经济实力与国土人口优势等。更重要的是，主观和客观（或曰精神与物质）两部分缺一不可，二者的发展可能平衡，也可能不平衡，但绝不能缺少任何一个方面，否则国家权力仍为零。

《政事论》同样视权力为国家安全的最可靠保障，将其置于极端重要的地位。憍底利耶指出，只有惩罚（danda）才能保障安宁与福利（security and well-being）。[②] 这里所谓“惩罚”的实际含义是强制力，实质上相当于国际关系理论所讨论的“权力”。憍底利耶直截了

---

① 倪世雄等：《当代西方国际关系理论》，复旦大学出版社 2001 年版，第 267—268 页。

② R. Shamasastry, op. cit., p. 14. R. P. Kangle, op. cit., p. 10. 朱成明，前引资料，第 42 页。

当地宣称“利是首要的”，因为法和欲都有赖于利，[①] 所以利即便不是终极目的，至少也是最主要的手段。他认为，拥有更大的权力和成就令君主优越于其他君主，所以君主应全力增强自己的实力以提升自己的成就。[②] 他将国家的权力（sakti）分为三种，分别是军队和财富的物质力（prabhavasakti）、谋略与外交力（mantrasakti）和勇略形成的人格力（utsahasakti）。[③] 增强自身权力是国策的一个重要方面，而削弱对手权力或妨碍其权力增长可取得类似的效果，同样得到高度重视。按《政事论》的说法，如果对手将来会以言语及人身侵害及搜刮财物等行为损害其臣民；或者短期成功会引诱其沉溺于酒色田猎赌博之中；或者对方与敌交战时既无盟友也无要塞；或者我方可能受邀成为中间国；如此才可允许对手增强实力，暂时取得成功。[④] 否则，国家就应采取一切可能手段，想方设法削弱对手的权力。

《政事论》对国家权力的认识与克莱因等现代学者颇有不谋而合之处。《政事论》列出国家七要素，七者的重要性依次是：君主、辅臣、国土与居民、要塞、财富、军队和盟友，其中的“国土与居民”实际上是个复合要素，包括了“地理”和“居民”这两大元素。

对憍底利耶来说，以上七大要素并不是相互独立或简单并列的，

---

① R. Shamasastry, op. cit., p. 16. R. P. Kangle, op. cit., p. 14. 朱成明，前引资料，第 45 页。

② R. Shamasastry, op. cit., p. 266. R. P. Kangle, op. cit., p. 319. 朱成明，前引资料，第 300 页。

③ P. K. Gautam, *One Hundred Years of Kautilya's Arthasastra*, Institute for Defence Studies and Analyses, July 2013, p. 29. R. Shamasastry, op. cit., p. 266. R. P. Kangle, op. cit., p. 319. 朱成明，前引资料，第 300 页。朱成明分别做主宰能力、谋略能力和精进能力，康格尔做 power of might, power of counsel 和 power of energy，沙玛沙斯特里做 physical strength, intellectual strength 和 strength of sovereignty。Sakti 意为力，本书将其译为“权力”，以与国际政治的习惯保持一致。

④ R. Shamasastry, op. cit., pp. 266-267. R. P. Kangle, op. cit., p. 320. 朱成明，前引资料，第 301 页。

而是一个复杂体系。七要素大致可分为两组，君主、辅臣、国土与居民（侧重居民）是一组，国土与居民（侧重国土）、财富、军队、要塞和盟友是另一组，其中的国土与居民属于跨界存在。在第一组三大要素中，最重要的是君主的决定性作用，《政事论》认为君主及其君权是国家诸要素之和，其他要素均由君主掌握。① 憍底利耶反对那种认为辅臣更为重要的观点，明确表示是君主来任命辅臣，辅臣如遇灾祸还可任命其他人来承担其职责；君主扬善惩恶，君主有什么样的品性，国家的其他组成要素就有什么样的品性，后者的精进或怠惰都依赖于君主而非相反。② 憍底利耶同样反对民众比辅臣更为重要的观点，认为辅臣为一切事工的基础。③ 在第二组要素中，憍底利耶将土地排在首位，因为盟友和钱财都可通过土地获得。第二位的要素是钱财，因为军队和其他所需可用钱财购买。军队居于第三位，因为军队虽然重要，却并非总是必需的。④ 对这两组要素的关系，《政事论》讨论不多，但全书一直高度强调君主的首要作用，而且明确指出要塞、财富和军队都依赖于人民，甚至表示“若没有国土与居民（country），山间要塞和岛屿要塞就无人居住。⑤ 由此不难看出，作者认为第一组要素相对第二组要素具有某种决定性的作用，应得到特别关注。

---

① R. Shamasastry, op. cit. , p. 325. R. P. Kangle, op. cit. , p. 390. 朱成明，前引资料，第 361 页。

② R. Shamasastry, op. cit. , pp. 322 – 323. R. P. Kangle, op. cit. , p. 386. 朱成明，前引资料，第 358—359 页。

③ R. Shamasastry, op. cit. , p. 323. R. P. Kangle, op. cit. , p. 387. 朱成明，前引资料，第 359 页。

④ R. Shamasastry, op. cit. , p. 294. R. P. Kangle, op. cit. , p. 350. 朱成明，前引资料，第 328 页。

⑤ R. Shamasastry, op. cit. , p. 323. R. P. Kangle, op. cit. , p. 387. 朱成明，前引资料，第 359 页。

将《政事论》和克莱因公式相比较可发现，国土与居民、财富、要塞、军队基本相当于公式中的人口和领土、经济与军事，属于客观因素；君主、辅臣两项大体对应于战略意图和国家意志两项，属于主观因素；盟友则并未出现于克莱因公式之中，但对国家实力确有重要影响，值得关注。与现代国际关系理论不同的是，《政事论》对权力要素以列举的方式处理，对其相互关系探究不多。当然，《政事论》对各要素的重要性仍做了区分，七者的重要性依次是：君主、辅臣、国土与居民、要塞、财富、军队和盟友。[①] 由此也可看出，《政事论》对国家权力主观因素的重视程度甚至超过客观要素。《政事论》对权力的重视与现实主义者是相通的，但对权力之中精神要素的重视超过了物质要素，与现实主义的主流仍有区别。

四、道德淡漠主义

国际关系现实主义理论的奠基人摩根索在《国家间政治》中对道德采取了颇为矛盾的立场。[②] 现实主义六原则涉及道德的有两条，

---

① R. Shamasastry, op. cit. , pp. 322 - 324. R. P. Kangle, op. cit. , pp. 386 - 389. 朱成明，前引资料，第 358—361 页。

② 倪世雄等：《当代西方国际关系理论》，复旦大学出版社 2001 年版，第 70 页。作者指出，摩根索强调在国际关系中存在着普遍的道德原则。但是，他在这方面的论述是矛盾的。他一方面提出，世界上存在的普遍道德原则是不能生搬硬套地应用到国家政治行为中去的；但是，另一方面，他又认为在国际社会中存在着普遍的道德原则，这种原则各国都必须遵守。那么，道德普遍的道德因素是否能影响国家的具体政治行为呢？他对此含糊其词，这大概是因为摩根索觉得普遍的道德原则本身就太模糊、太模棱两可了。因此，也就不便于明确地判断它们的指导意义的缘故。

在对六原则的十二页论述中这两条的篇幅仅一页有余，① 分量本来就不重。更重要的是，这两条与其说是在肯定道德在政治领域中的作用，毋宁说是在详述其局限性。摩根索对政治领域中的道德施加了双重的束缚。在第四条原则中，摩根索对国家的道德与个人的道德做了区分，一方面表示“政治现实主义明白政治行动的道德意义”，同时更强调“普遍的道德原则不能以它们抽象的普遍形式应用到国家身上”，指出“个人可以声称‘即使世界毁灭，也要实现正义’，国家却无权这样说”，“个人享有牺牲自己来捍卫道德原则的道义权利，国家却没有……”，另一方面又称国家的任务是执行成功的政治行为，而“这种行为又受到维护国家生存这一道德原则的驱动”。② 在第五条原则中，摩根索又将个别国家的道德追求与普世道德进行了区隔，提出不能“把特定国家的道德追求等同于普世道德准则”，认为“以普世的道德目标来掩饰自身特定的目标和行动”是一种危险的诱惑，“可能以道德原则、理想观念或上帝的名义扭曲人们的判断，从而以十字军式的盲目和狂热破坏国家，毁灭文明”。③ 可见，对于道德原则在政治领域的作用，摩根索所代表的传统现实主义虽有矛盾态度，但总体倾向仍是较为负面的，认为对普遍道德的作用不宜夸大，对道德冲动的负面作用必须高度警惕。

① Hans J. Morgenthau, *Politics Among Nations: The Struggle for Power and Peace* (7th Edition), Peking University Press, December 2004, p. 4 – 16（《国际间政治：寻求权力与和平的斗争》第7版，北京大学出版社原版影印）。对两条道德原则的论述见该书第12—13页。

② Hans J. Morgenthau, *Politics Among Nations: The Struggle for Power and Peace* (7th Edition), Peking University Press, December 2004, p. 12（《国际间政治：寻求权力与和平的斗争》第7版，北京大学出版社原版影印）。

③ Hans J. Morgenthau, *Politics Among Nations: The Struggle for Power and Peace* (7th Edition), Peking University Press, December 2004, pp. 12 – 13（《国际间政治：寻求权力与和平的斗争》第7版，北京大学出版社原版影印）。

如果说传统现实主义在道德的问题上态度尴尬、表态审慎的话，新现实主义则基本不涉及这个问题。新现实主义以“国际无政府状态”“安全困境”等关键概念来解释国际不安全状态，不甚关注人性善恶之类的形而上问题。对国际关系的实际运作，新现实主义关心的是多极、单极、结盟、核安全、核裁军等问题，对道德问题基本不做探讨，认为这并非有学术研究价值的科学问题，且对国际安全的影响基本可忽略不计。

一般认为马基雅维里的《君主论》是无视道德的厚黑政治学典范，提倡为达目的不择手段的政治手腕，主张将道德与政治完全分开，认为二者毫不相关。① 其实，《君主论》处理道德与政治相互关系的策略并非如此武断，其具体做法可分为三个层次。首先是区分了两种道德即基于责任的道德和绝对道德，或曰君主（国家）的道德和个人的道德。《君主论》指出，个人道德的要求是仁慈、慷慨、诚信等，但这仅适用于个人，不适用于国家。国家必须保证自身的生存与发展，必须对国民的福利负责，为此可采取一切手段，包括欺骗、背信弃义、恃强凌弱等。这些做法虽不符合个人道德，却能有效服从于国家生存与发展的最高目标，所以这些从个人角度来看完全不道德的行为却完全符合国家的道德。② 其次，《君主论》主张两种道德适用于不同的领域，政治领域适用君主道德而非个人道德，如果君主为了慷慨、仁慈等个人道德目标而损害了国家的安全与利益，这对君主而言才是真正的不道德行为。因此，马基雅维里公开

---

① 彭顺生：《影响西方近现代思想的巨人——马基雅里思想研究》，天津古籍出版社1995年版，第64页；马啸原：“论政治的道德化和道德的政治化”，《思想战线》1994年第3期；姚剑文：“思想史‘减法’中的马基雅维里政治道德观‘正名’辨”，《江海学刊》2004年第4期。

② 尼科洛·马基雅维里著，潘汉典译：《君主论》，商务印书馆1986年版，第85页。

表示，“一位君主，尤其是一位新的君主，不能够实践那些被认为是好人应做的所有事情，因为他要保持国家，常常不得不背信弃义、不讲仁慈、悖乎人道、违反神道”。又说“如果没有那些恶行，就难以挽救自己的国家的话，那么他也不必因对这些恶行的责备而感到不安，因为……某些事情看来好像是好事，可是如果君主照着办就会自取灭亡，而另一些事情看来是恶行，可是如果照办了却会给他带来安全与福祉”。[①] 最后，《君主论》对普遍道德采取实用主义态度，认为当虚名与实利没有矛盾的时候，不妨采用普遍道德的立场，既得实利又兼得美誉；但二者若有矛盾，就一定要严格遵循政治伦理，优先考虑国家利益，不必顾及普遍道德。《君主论》的一大名言是“如果可能的话，他（君主）还是不要背离善良之道，但是如果必需的话，他就要懂得怎样走上为非作歹之途。”[②]

《政事论》对这一问题的处理与《君主论》或《国家间政治》均有明显不同。与一般的印象相反，《政事论》并不公然否认伦理，反倒反复强调伦理含义丰富的“正法”以及权力都是国家力量之源。另一方面，《政事论》也没有像《君主论》一样将“道德”划分为个人道德和国家道德两种类型并对国家的“非道德”行为网开一面：虽然四种姓之“正法”各有差别，但所有人之法如不害、实语、清净、不嫉妒、慈心、忍耐等其实是未做区分的。[③]

但仔细辨析之后可发现，憍底利耶对“正法”特别是其作为普遍伦理的实质论述非常薄弱。《政事论》在400多页的篇幅中花了绝

---

① 尼科洛·马基雅维里著，潘汉典译：《君主论》，商务印书馆1986年版，第75页。

② 尼科洛·马基雅维里著，潘汉典译：《君主论》，商务印书馆1986年版，第85页。

③ R. Shamasastry, op. cit., pp. 11 – 12. R. P. Kangle, op. cit., pp. 7 – 8. 朱成明，前引资料，第40页。

大多数精力来详细探讨国家的本质、君主及其辅弼、外交、军事、间谍、税收等各种现实问题，探讨问题时可以说毫无禁忌，比如作者公开而详细地讨论了何时暗杀对手较为有利，何时可杀死国内的对手，如何使用间谍，何时应牺牲自己的间谍，如何使用妇女儿童担任间谍甚至刺客，何时应违反条约并入侵邻国，君主在何种情况下必须以间谍手段侦察其臣民，君主如何测试其大臣和家庭成员的忠诚，君主在何种情况下应杀死自己的子嗣，如何预防遭自己妻子暗杀，何时可仅凭怀疑而拘捕捣乱分子，何时采用拷打手段。[①] 与此形成对照的是，作者虽经常提及“正法”，但展开不多，且论述也强调“正法”的种姓属性。由此可见，《政事论》虽未正面否定“正法”，甚至没有为君主设计一套独特的“正法”，但却采取了“敬而远之”的态度，实际上是绕开了这一问题。更重要的是，“正法”并不等同于“伦理”或“道德”，其首要含义是正确的种姓秩序，这与现代意义上的“伦理”或“善”实在是相去甚远。因此，虽然“正义”（righteousness，justice）一词出现在《政事论》英译本各处，但并不能得出《政事论》高度重视伦理的结论。

其次，《政事论》中的伦理观往往将伦理置于实利的支配之下。如果孤立地阅读某些文字，似乎也可以得出憍底利耶重视伦理的结论；但将这些论述放在全书整体论述框架之内就可发现，这一论断是难以成立的。比如，《政事论》中的战争伦理可分为轻重有别的三个层面，即发动战争、实际作战以及战后治理，其重要性依次递减。在发动战争方面，《政事论》将战争视为政治生活的常态，认为发动战争是一种有用的政策工具，主张国力正在增强者应发动战争，具

① Roger Boesche, *The First Great Political Realist: Kautilya and His Arthashastra*, Lexington Books, 2002, p. 1.

有明显优势则应备战,[1] 对遭遇灾患的敌国可予以攻击，对无庇依或庇依孱弱的邻国可将其瓦解，否则就应加以遏制或削弱。[2] 换言之，对于是否发动战争，何时发动战争，向谁发动战争等战争的首要问题，作者均从实力角度考察，伦理因素是基本不考虑的。在战争的执行层面，作者将战争分为公开战、诡计战、秘密战三种。[3] 公开战是伦理最为正当的战法，但能确保自己处于有利地位的君主才可采用，否则就应诉诸诡计战等,[4] 即采用谋略、离间对手、暗杀、投毒等手段。因此,《政事论》在战法选择上有一定的伦理考虑，但分量仍然不重，更没有压倒实力而成为主要的考虑因素。《政事论》在战后治理方面表现出更强烈的伦理考虑，主张公正对待对方民众，反对滥杀对手,[5] 但其考虑仍侧重于现实因素，即只有正义才能令对方民众顺服，避免激烈反抗，严酷的不义统治只能加剧反抗，反噬自身。有分析称《政事论》认为道德往往是最好的政策，认为社会正义可以带来实际的政治后果。[6] 此论堪为上述思路的脚注。

综上,《政事论》对战争问题的讨论确实涉及颇为丰富的伦理因素，但这些考虑与实力、利益等因素的分量是完全不可同日而语的：伦理考虑并不出现在决定战和的第一层次；其分量在作战层次和战

---

① R. Shamasastry, op. cit., p. 268. R. P. Kangle, op. cit., pp. 321 – 322. 朱成明，前引资料，第 302 页。

② R. Shamasastry, op. cit., p. 265. R. P. Kangle, op. cit., p. 318. 朱成明，前引资料，第 298 页。

③ P. K. Gautam, *One Hundred Years of Kautilya's Arthasastra*, Institute for Defence Studies and Analyses, July 2013, p. 36.

④ R. Shamasastry, op. cit., p. 361. R. P. Kangle, op. cit., p. 438. 朱成明，前引资料，第 400 页。

⑤ R. Shamasastry, op. cit., pp. 396 – 397. R. P. Kangle, op. cit., p. 490. 朱成明，前引资料，第 440 页。

⑥ Roger Boesche, *The First Great Political Realist: Kautilya and His Arthashastra*, Lanham: Lexington Books, 2002, pp. 52, 110.

后治理的层次逐步增加，但仍不能发挥主导作用；综合观察可发现，在三个层次中起决定作用的仍然是务实的功利主义而不是伦理道德。可见，《政事论》对伦理道德的淡漠态度与现实主义学者是相通的，符合现实主义的一般特征。

五、国家中心主义

现实主义的一大特点是强烈的国家中心主义。现实主义坚持认为国家是唯一或最主要的行为体，其他行为体即使存在，作用也是极为有限乃至基本可以忽略不计的。[①] 与此不同的是，国际关系的自由主义学派和建构主义学派都更为重视非国家行为体的作用，认为国际组织、非政府组织、跨国公司、社会运动等非国家行为体的作用巨大，在很多领域甚至已超越国家的作用，国家中心主义的世界正日趋瓦解。[②]

与此对照可发现，《政事论》持鲜明的国家中心主义。《政事论》全书主要讨论了内外政务、国家安全、王权及其继承、战争与和平等问题，均属典型的国务活动。在讨论上述问题的时候，《政事论》主要使用“君主”而非国家这一概念，二者实际上是混同而不

① 徐步华：“非国家行为体的影响及其限度”，《理论月刊》2014 年第 5 期，第 110 页。

② 徐步华：“非国家行为体的影响及其限度”，《理论月刊》2014 年第 5 期，第 111 页。

做区分的。[①] 在两千年前的印度，君主就是国家，国家就是君主，二者混为一谈也是不难理解的，故《政事论》的君主中心主义实质上就是国家中心主义。非政府组织、跨国公司等非国家行为体在那个时代根本就不存在，可置之勿论。印度宗教盛行，跨国的宗教团体可能成为非国家行为体的重要一员。然而，印度主要宗教在历史上并未形成类似于中世纪欧洲的基督教会那样的大型跨国组织，始终处于分散状态：婆罗门教或后期的印度教情况尤甚，佛教、耆那教等虽有组织化的僧团，但主要从事传教、教义研讨、信众管理等宗教事务，并不直接涉足政治，在国际政治上的影响力有限。憍底利耶时代的次大陆也不像后来一样大型寺院林立，虽然著名的塔克西拉大学（Taxila University）此时已声名鹊起（憍底利耶本人曾在此求学任教），但对国际政治并不具有直接影响。《政事论》中提得较多且相对重要的非国家行为体是所谓丛蛮，大致相当于森林部落或绿林。《政事论》在讨论作战活动之时经常将丛蛮军与其他武装势力相提并论，但总是将其列在最后，显然是将其作为补充性的武装力量而非举足轻重的独立政治势力。凡此种种都说明，憍底利耶心中的国际体系无疑是国家中心主义的，这是其与现实主义的又一共通之处。

与此相关的是对国家属性的讨论。对于《政事论》所描述国家的性质，学界一直有不同看法。传统的看法认为，《政事论》描绘的是集权制的大帝国，在很大程度上反映了官僚制在古印度统一前夕

---

① Pinaki Bhattacharya, "Chanakya: An Empiricist as a Philosopher," *Strategic Analysis*, Vol. 38, No. 5, 2014, p. 735. 比如，"《利论》译疏"将 vijigishu，ari，mitra，madhyama 和 udasina 分别译为欲胜王、敌王、盟王、中王和中王（朱成明，前引资料，第 298—300 页），这些词汇在本书中分别译为胜国、敌国、盟国、中间国和中立国。

的快速发展，也成为此后的印度统一大帝国的施政蓝图。[①] 这种看法主要基于两个因素：第一是当时的印度已濒临统一前夜，当时的著作直接反映时代的迫切需求自然不足为奇；第二是《政事论》明显采用了一种“抽象化”“理论化”的写作方法，整体上构成较为严整的逻辑体系，颇为近似于理性化、科层化的官僚制度。

但也有相反的看法，认为《政事论》所描绘的情况应被视为作者本人的理想化模型而不一定是历史事实。[②] 更何况《政事论》描绘的显然并非一个统一大帝国，而是有强有弱的若干国家组成的分散化多国体系，各国在这一体系中纵横捭阖、或战或和，但并无稳定的政治秩序。这种看法的依据在于：首先，印度长期分裂，多国并存是常态，与此相适应的封建制也更接近印度的治理常态；其次，《政事论》提出的政务部门设置乍一看颇为系统，对中央政府的设置与职能进行了巨细靡遗的讨论，但对地方政务和基层政府的讨论寥寥无几，对中央政府和地方政府的关系也极为含混。难以想象，一个大帝国能够不分层设立各级地方政府，仅靠中央政府直接处理广袤领土上的基层政务。

《政事论》还讨论了政治秩序的起源和君主制的各种细节。全书将君主制视为天经地义，所以书中对君主的讨论很多时候其实就是对国家的讨论，二者往往不加区别，任意置换。细究全书可发现，《政事论》对君主（此处相当于国家）作用与地位的看法接近于“功能论”而不同于“君权神授论”。憍底利耶为间谍准备的长篇演

① 如《世界通史》（上古部分）（周一良、吴于廑主编）依据《政事论》和其他材料指出：在孔雀王朝之前的古印度，国王已掌握国家的军事、行政、司法等最高权力，之下有行政长官、军事长官和称为“普罗希多”的祭司长老。国王有秘使遍布各地，控制地方军政要务。参见周一良、吴于廑主编：《世界通史》（上古卷）（本卷由齐思和主编），人民出版社 1973 年版，第 279—280 页。

② 崔连仲：“古代印度社会几个问题”，《世界历史》1985 年第 1 期，第 3 页。

说讨论了君主制的起源，认为在没有君主的状态下，民众苦于大鱼吃小鱼的“鱼的法则”，所以推举日神（Vivasvat）之子摩奴（Manu）为王，并同意支付收获的六分之一和商品贸易的四分之一，以换取君主保障民众的安全。君主具有因陀罗和阎摩的双重职能，集赏罚权能于一身。无视君主者将遭天罚，所以绝不能藐视君主。①

在憍底利耶看来，深陷“鱼的法则”（或曰丛林法则）之苦的民众推举日神之子担任君主并赋予其崇高的地位、巨大的权力，这并不是因为其身上具有某种超然的“神性”，而是因为君主对维护社会安全具有极端重要的作用。如果日神之子都不能享有“君权神授”之地位，那么后世的君主自然等而下之了。值得注意的是，《政事论》中日神之子出任君主的神话，仅用于论证政治秩序的起源，相当于必要的理论“预设”。一旦涉及现实政治，这种神话式的论述就消失不见了，转而出现的是君主如何保持权位、如何确定王位继承人、如何培养接班人、未来接班人应接受的教育内容、如何识别王子是否忠诚、如何顺利实现政权移交等极为现实的内容。从务实的角度看，《政事论》还特别强调绝不能让未受到妥当教化的邪恶王子登基即位，从中更是看不出任何“君权神授”的影子。这种视国家为必需品，但又避免神化国家的思想倾向，也符合现实主义的思路。

---

① R. Shamasastry, op. cit. , p. 28. R. P. Kangle, op. cit. , p. 28. 朱成明，前引资料，第 57 页。

六、冲突倾向

现实主义对国际安全持悲观倾向,① 认为各国总是容易相互冲突，这就是所谓“安全困境”（security dilemma），具体表现是：国际社会处于无政府状态，没有凌驾于各国之上的安全维护者，各国不得不依靠自身来维护安全（安全自助）；国家意图的不确定性和可变性导致任何国家都无法信赖其他国家的主观意图，只能用客观上的物质实力来评估外国的威胁水平——某国自以为维护本国安全的举动，在其他国家看来却可能是一种直接威胁，促使其提升军备水平，以便有备无患；这种情况往复循环，导致了永久性、普遍性的“安全困境”。现实主义者并不否认国际体系中也存在合作，但认为这至多算是一种“权宜之计”，是一种暂时有用的手段，而冲突才是国际关系无时不在的本质特征和长期趋势。因此，现实主义主张国家必须随时为国际冲突做好准备，对合作不应抱过高期望。

《政事论》同样持有强烈的冲突倾向。全书以大量的篇幅谈论战争与冲突的问题，将不安全状态视为一种毋庸置疑的常态。憍底利耶甚至直接将政治学称为 dandaniti,② 而 danda 有惩戒的含义，也就是说憍底利耶将暴力与冲突视为政治的本质。他甚至明确表示惩戒

---

① James E. Dougherty, Robert L. Pfaltzgraff, Jr., *Contending Theories of International Relations: A Comprehensive Survey* (5th Edition), Peking University Press, September 2004, p. 67（《争论中的国际关系理论》第 5 版，北京大学出版社原版影印）。关于“安全困境”的叙述见该书第 64—65 页。

② R. Shamasastry, op. cit., p. 13. R. P. Kangle, op. cit., p. 9. 朱成明，前引资料，第 41 页。

(danda)带来安宁与福利[尽管惩戒又以教戒(vinaya)为本]。①公正地说，憍底利耶并不是一味推崇战争与冲突。《政事论》表示，和平与战争都不是国家追求的目标，权力和成就才是国家追求的目标。只要有利于实现上述目标，战争或和平都是可取的，并无天然的优劣之分。而且，若战争与和平的收益相同，则应选择和平而非战争，因为战争本身会带来各种不利情况。若战争与结盟的收益相同，也应选择结盟而非战争，原因同上。不过此处对和平的偏好并非稳定的指导原则，而是具体利益考虑之下的趋利选择，且这种表述的数量极为稀少，淹没在全书关于冲突、战争的大量文字之中。

七、零和博弈、相对收益、绝对收益

现实主义与自由主义的一大区别是，现实主义高度重视相对收益，而自由主义更为重视绝对收益。② 顾名思义，绝对收益论认为，对于某种“收益”(在国际关系中主要指权力、经济实力、军备等)而言，只要本国所能获取的绝对量得到增加就是可取的。绝对收益具有非零和的特征，一方所得未必为另一方之失，合作共赢是常态。相对收益论则认为，本国收益的绝对量固然重要，但更重要的是其他国家的新增收益是否超过本国的新增收益。如果两国均有收益而外国收益更多，则本国就出现相对收益下降，只有本国收益的增加

① R. Shamasastry, op. cit., p. 14. R. P. Kangle, op. cit., p. 10. 朱成明，前引资料，第 42 页。

② 罗伯特·鲍威尔：“国际关系理论中的绝对获益与相对获益”，大卫·A. 鲍德温主编，肖欢容译：《新现实主义和新自由主义》，浙江人民出版社 2001 年版，第 209 页。

值大于外国收益的增加值，相对收益才能上升。总之，相对收益具有零和性，一方的相对收益意味着另一方的相对损失；相对收益论认为帕累托改进是不可能的，合作异常困难，各国互信难以实现。

现实主义者是相对收益论者，认为相对收益远比绝对收益重要，获得相对收益的国家将获得比对手更多的权力资源，拉大与对手的权力差距。[①] 相对收益如归于对手而不是本国，则本国的脆弱性将日渐增加，最终导致严重后果。因此，现实主义者对国际合作的态度要比自由主义者审慎得多，如果有绝对收益而无相对收益，现实主义者往往宁愿放弃合作。

《政事论》同样信奉相对权力论。憍底利耶在书中明确表示，在受到对手大军联合进攻之时，胜国应告诉对方的盟主，“不值得以自己的损失来令现在似乎是盟友的敌人获得增进，因为他们一旦增强了，将来就会制服你”。[②] 这种论述虽然是种游说手段，但其思路正是相对权力论，即在联合行动中，获益较大而损失更少者获得最大的好处，长此以往，积累起来的优势就足以大幅改变现有国际权力格局。

实际上，《政事论》完全渗透了相对权力论的思路，其论述虽较为分散，却可以说是无处不在。比如，憍底利耶在论述政策效果的时候表示，明智君主执行的政策应保证自己得以营建要塞、堤坝、商道、新居点、矿场、物产林和象林，同时又能骚扰对手的同类工作。[③] 又说只有在对手虽能取得短期成功，但长期而言将自我削弱；

---

① 罗伯特·鲍威尔：“国际关系理论中的绝对获益与相对获益”，大卫·A. 鲍德温主编，肖欢容译：《新现实主义和新自由主义》，浙江人民出版社 2001 年版，第 209 页。

② R. Shamasastry, op. cit., p. 308. R. P. Kangle, op. cit., p. 366. 朱成明，前引资料，第 342 页。

③ R. Shamasastry, op. cit., p. 268. R. P. Kangle, op. cit., p. 322. 朱成明，前引资料，第 302 页。

或者短期成功会引诱其沉溺于酒色、田猎、赌博之中；或者对方既无盟友也无堡垒；或者我方可能受邀成为中间君主；如此才可允许对手增强实力，暂时取得成功。① 在论述要塞问题的时候则表示，能以更少的劳力和花费建设坚固要塞的君主胜过其他君主。② 这些都是相对权力论的典型思路。

八、均势论

《争论中的国际关系理论》认为《政事论》提出了在各邦国之间实现均势的复杂理论。③《当代西方国际关系理论》认为早在古印度时期，均势（理论）在国际关系实践中就得到广泛应用。④ 印度也有研究认为《政事论》较详细地讨论了均势问题，书中讨论的外交六策实际上隐含了一个均势体系，结盟、两面政策等都可视为维持均势的具体手段。⑤ 对这种观点应加以辨析。国际关系理论中的“均势”（balance of power）首先指一种国际政治格局，即主要大国势力相当，国际体系由此基本保持稳定。其次指国家有意识采取的

---

① R. Shamasastry, op. cit. , pp. 266 – 267. R. P. Kangle, op. cit. , p. 320. 朱成明，前引资料，第 301 页。

② R. Shamasastry, op. cit. , p. 266. R. P. Kangle, op. cit. , p. 319. 朱成明，前引资料，第 300 页。

③ James E. Dougherty, Robert L. Pfaltzgraff, Jr. , *Contending Theories of International Relations: A Comprehensive Survey* (5th Edition), Peking University Press, September 2004, p. 8（《争论中的国际关系理论》第 5 版，北京大学出版社原版影印）。

④ 倪世雄等：《当代西方国际关系理论》，复旦大学出版社 2001 年版，第 277 页。

⑤ T. B. Mukherjee, *Inter-State Relations in Ancient India*, Meenakshi Prakashan, 1977, pp. 187 – 192.

一种政策，目的是为了维持或实现主要大国的势力均衡。这种政策又可一分为二：一种是一国直接参加与另一大国的权力争夺；另一种称为离岸平衡（Offshore Balance），指一大国（所谓离岸平衡者）以相对超脱的姿态操纵一国（或集团）去制衡另一国（或集团）。显然，后一种模式中的离岸平衡者处境相当有利，他不用直接参与大国之间危险而消耗巨大的对抗特别是武力对抗，却能以极为有限的成本稳定地保障自己免受任何一方的威胁，拿破仑战争时期和19世纪的英国、20世纪初的美国都一度享有这种有利地位。理论界也指出均势的若干问题：各国实际上均追求优势而不是均势，均势往往是一种无意间的互动结果而不是主观追求；均势往往不稳定且始终变动不居等。①

《政事论》所描述的国际体系与近现代国际体系差别很大，最大的不同在于：近现代国际体系的本质特征是各国在一个基本格局能够维持的多国体系之内谋求自身利益和权力的最大化，而《政事论》体系与此迥然不同。在《政事论》体系中，国家要么在进行战争，要么在准备战争，甚至外交、谍报、经济开发等也可视为战争的辅助手段，甚至其本身就是战争的一种特殊形式。《政事论》推崇转轮王即一位君临整个次大陆的君主，虽然可以从伦理角度大量论证转轮王之治的必要性，但不容否认的是，这种统一局面必然意味着大批国家的逐次消亡而不论他们是否情愿，用《政事论》的语言来说就是必须经过一个大鱼吃小鱼（“鱼的法则”）的历史阶段。简言之，《政事论》国际体系的本质特征绝不是势力均衡之下的某种稳定，反而是一种你死我活的生死之争，这一体系之下的国际斗争也

① 倪世雄等：《当代西方国际关系理论》，复旦大学出版社2001年版，第289—291页。

必然是没有限制的：在目标上没有上限，对灭亡他国几乎毫无禁忌；为了实现上述目标，在手段上就基本不讲底线。由此，《政事论》描述的国际体系必然是也只能是一个超级动荡、极不稳定、经常出现大变动的体系，均势绝不是这一体系的本质特征，也难以成为国家主动追求的长期政策，充其量只能成为一种相机而动（或曰机会主义）的短期政策。由此可知，《政事论》在体系层面和长期政策层面均与均势论相冲突，仅在短期政策层面有一定互通性。从全局来说，《政事论》虽含有均势论的某些要素，但与其基本精神是相互冲突的，以均势论来概括《政事论》对国际体系的论述并不准确。或许正是由于这一原因，莫德尔斯基才会说《政事论》虽以抽象概念表达了一个国际体系，但要从中找出均势体系则是徒劳的。①

---

① George Modelski, "Kautilya: Foreign Policy and International System in the Ancient Hindu World," *The American Political Science Review*, Vol. 58, No. 3, September 1964, p. 554.

第六章 《政事论》思想与印度外交的实证考察

要较为准确全面地剖析文化与外交的相互关系颇为困难。大文化背景对政府外交政策的强烈塑造作用得到广泛承认，但这种影响是间接而不是直接的，影响力大小的测量也非常困难。比较常见的做法是从文献中摘取若干说法（有时候甚至会综合出一个理论体系），然后观察政府的外交实践，若发现与文献相符合的做法就将其归结为文化的影响。这种做法虽有一定的可取之处，但其缺陷也极为明显。实际上，如果连续观察一国的外交实践就会发现，其中既有很多与文献归纳的理论模型相符之处，也有并不相符甚至完全矛盾之处。对于这种大量存在乃至常态化的自相矛盾，很多研究采取了完全忽视的态度。这就引发了至少四个可议论之处：第一是选择性使用材料，有双重标准之嫌；第二是难以证明文化对外交政策的影响，因为将文化背景与特定外交政策罗列对比并不足以说明二者有必然关系；第三是难以说明这种影响（如果存在）是强是弱，无法测量客观效果的大小；第四是难以探讨多元文化传统对外交政策的不同影响，在多元文化背景突出的国家，上述方法往往难以准确指明特定外交政策的文化渊源——既然是多因一果，就很难从一果回溯出其具体原因。

涉及印度的时候，这一问题的难度更是成倍增加。首先是因为印度古史面目极为模糊，难以从外交政策上找到充分素材来验证文化的影响。按理说，最有利于验证《政事论》对外交实践影响的正是从憍底利耶任摩揭陀国宰相到阿育王实现印度历史上首次大一统的几十年历史。从主观来说，这几十年最有利于直接推行憍底利耶的政策主张。从客观来说，当时的印度列国争霸，斗争残酷，强国数量不少，既有必要也有条件运用《政事论》思想来指导国务活动。然而不幸的是，印度这一时期的历史至今仍未厘清，虽有大的脉络，但具体细节仍非常含糊。其实，梵语的历史一词（itihasa）本意为“过去曾如此”，实际所指则更接近于“传说”而非现代意义上的“历史”,[①] 由此也不难理解何以印度历史的面貌会如此含糊。

这与中国恰恰形成鲜明对比。中国春秋战国时代的历史虽仍有很多含混或有争议的地方，但《史记》《春秋》《战国策》等文献的确给后世留下极为丰富、基本可信的历史记述，近现代学术研究又进一步澄清了先秦列国交往的若干问题。学者完全可以运用这些颇为详细的资料来研究列国的战和、结盟、背约等纵横之策。秦汉以后的中国史就更清楚了，分裂时期的史学著述尤其丰富。这些都可作为研究中国古典外交思想及其政策影响的有效素材。更何况，政治军事史一直是中国传统史学的重点，相关探讨远远超过经济社会史。这些都非常有利于探索传统文化对“外交”实践的影响。

在以上有利条件的支持下，目前中国大陆已出现一些结合中国

---

① P. K. Gautam, *One Hundred Years of Kautilya's Arthasastra*, Institute for Defence Studies and Analyses, July 2013, p. 64.

传统"外交"思想与古代"外交"实践经验的研究成果，较早的有黄枝连的三卷本《天朝礼制体系研究》（中国人民大学出版社 1992 年 8 月、1994 年 12 月和 1995 年 1 月出版）、黎虎的《汉唐外交制度史》（兰州大学出版社 1998 年版）和叶自成的《地缘政治与中国外交》（北京出版社 1998 年版）以及《春秋战国时期的中国外交思想》（香港社会科学出版社 2003 年版），相对较新的成果则有叶自成的《华夏主义：华夏体系 500 年的大智慧》（人民出版社 2013 年版）和《中国崛起：华夏体系 500 年的大历史》（人民出版社 2013 年版）。

反观印度则基本不具备上述有利条件，所以这方面的已有成果也甚少且较为薄弱，比如 1977 年出版的《古代印度国家间关系》（*Inter-State Relations in Ancient India*）一书完全用《罗摩衍那》（*Ramayana*）、《摩诃婆罗多》（*Mahabharata*）、各种"往事书"（Puruna）、各种"法经"（Dharmashastra），以及佛教和耆那教文献来探讨古印度的外交，却难以参照详实的历史记载进行考察。①

其次，印度近代以来彻底沦为英国殖民地，先有英国东印度公司逐步扩张并进行间接统治，1859 年之后又改由英国派遣总督进行直接统治，但不论哪种形式都谈不上独立外交。实际上，当时的英属印度号称大不列颠皇冠上最耀眼的明珠，"外交"活动极为活跃，为英国建立其亚洲殖民帝国并扩张殖民利益立下了汗马功劳，作为殖民地的英属印度甚至连续参加了两次世界大战，有效支持了英国维护其利益。然而，以上"外交"活动的决策者均是英印政府而非印度人自己的政府，决策者既不可能也没有必要继承印度本土的外交传统，其"外交"活动也不能视为独立印度的外交。而近代的中

① T. B. Mukherjee, *Inter-State Relations in Ancient India*, Meenakshi Prakashan, 1977.

国虽然沦为半殖民地，但到底保持了国家的基本独立，仍然能执行自己的对外政策（至于如何评价具体的政策结果当然是另一码事）。所以，中国在近代的外交实践是可以用来研究其文化传统与外交政策相互关系的，而英属印度的近代外交则无法用于分析印度传统国际政治思想的影响力。

最后，印度是个非常多元的国家，除了印度教，佛教、耆那教也一度颇为兴盛。伊斯兰教于公元 8 世纪初开始在印度西北部缓慢流传，突厥人在 11—12 世纪频频入侵，穆斯林在北印度建立德里苏丹国和莫卧儿王朝前后延续约 6 个半世纪，伊斯兰教随之逐步发展为印度的主流宗教之一，伊斯兰时代的印度也逐步开展重视历史撰写。因此，对印度或统一或分裂的诸多王朝外交政策产生影响的并不限于印度教文化（包括《政事论》），从外交政策回推其文化渊源就会遇到多因一果、难以归因的难题，进而导致研究陷入泥潭。实际上，有些文献就直接将《政事论》中的思想称为印度教徒的外交思想（hindu thought of diplomacy）。[①] 上述说法未必完全准确，但《政事论》确实只能代表印度传统的一个方面而非全部，这却是不争的事实。

尽管有这些客观困难，但印度国内外仍普遍重视《政事论》对印度外交与国家安全决策的历史与现实影响。比较特别的是，这些评价往往较为负面。印度军方有研究人员将《政事论》提出的“鱼

---

① Benoy Kumar Sarkar, “Hindu Theory of International Relations,” *The American Political Science Review*, Vol. 13, No. 3, 1919, pp. 400 – 414. George Modelski, “Kautilya: Foreign Policy and International System in the Ancient Hindu World,” *The American Political Science Review*, Vol. 58, No. 3, September 1964.

的法则”和“‘曼荼罗’理论”并称为“双恶”。[①] 印度退役陆军中将塔尔瓦尔（Satish Talwar）引用拉鲁斯（Joel Larus）的说法，认为憍底利耶思想导致印度盛行一种僵化的思维定势，将邻国视为天然对手，次大陆各国在历史上既不愿协力维护整个次大陆安定，也不合作应对外部入侵。[②] 现代印度的邻国如巴基斯坦和孟加拉国也有一些研究试图用《政事论》思想来分析印度在现实中的外交与内政，结论同样是负面居多，比如认为印度在克什米尔采取了分而治之（bheda）的策略，在处理中印和中巴关系的时候采取了两面政策（交好一国而打击另一国）。[③] 这些分析又引起印度国内一些研究人员的反驳，其中有些说法言之有据，有些则有政治挂帅的嫌疑。[④]

尽管有这些客观困难，但对《政事论》外交思想和印度外交的相互关系进行深浅不一的考察仍然是必要而可能的。本章拟从三个侧面考察这一问题：首先是将《政事论》思想视为一种连续而强大的战略文化传统，考察其对印度历史持续而微妙的影响；其次是重点考察“曼荼罗”思想与印度历史上长期分裂格局的关系；最后是简略考察其与印度当代外交的相互关系。

---

① P. K. Gautam, “One Year of Arthasastra: Response, Pedagogy and Research,” in Pradeep Kumar Gautam, Saurabh Mishra and Arvind Gupta (eds.), *Indigenous Historical Knowledge: Kautilya and His Vocabulary* (Vol. 2), Pentagon Press, 2016, pp. 116 – 117.

② Satish Talwar, “The Enemy Within,” *Journal of the United Service Institution of India*, Vol. 140, No. 578, 2009, pp. 508 – 512.

③ Rashed Uz Zaman, “Kautilya: The Indian Strategic Thinker and Indian Strategic Culture,” *Comparative Strategy*, Vol. 25, No. 3, 2006. P. K. Gautam, “Re-Visiting Ideas of Mandala, Misrepresentation And Distortion of Kautilya's Arthasastra,” in P. K. Gautam eds, *One Hundred Years of Kautilya's Arthasastra*, Institute for Defence Studies and Analyses, July 2013, pp. 106 – 107.

④ P. K. Gautam, *One Hundred Years of Kautilya's Arthasastra*, Institute for Defence Studies and Analyses, July 2013, pp. 105 – 109.

一、“阿育王文化”和“憍底利耶文化”

战略文化是“国家在运用战略手段实现国家战略目标的过程中所表现出来的持久的、相对稳定的价值取向与习惯性的行为模式”。① 用战略文化观来透视《政事论》就会发现，该书实际上代表了一种连续而强大的思想传统，在历史上一直对印度外交政策发挥着间接、持续而微妙的影响。有研究指出，印度有两种截然不同而影响同样深远的战略文化，为了方便，姑且称之为“憍底利耶文化”和“阿育王文化”。② 或者用萨仁山的话来说，有一个严酷的实用主义甚至野蛮的《政事论》世界，主要依靠妥协、赠礼、离间和武力；也有一个阿育王法的世界，对人民福利负有道德责任。③ 这种分野非常类似于西方国际关系理论中的现实主义传统与理想主义传统。

“阿育王文化”或曰“甘地文化”的内涵不难理解。现代印度因和平主义、非暴力主义（Ahimsa）、不结盟主义（Non-alignment）等符号而广受关注。众所周知，印度本土诞生的印度教、佛教和耆那教均有不杀生的教义，都推崇素食。佛教是著名的和平宗教（当然实际情况要复杂得多），不论是五戒还是八戒，第一条都是戒杀，素食也是佛教徒的标准饮食。印度教徒将杀生或接触血污的职业视

---

① 宫玉振：《中国战略文化解析》，军事科学出版社2002年版，第10—11页。

② 宋德星：“现实主义取向与道德尺度——论印度战略文化的二元特征”，《南亚研究》2008年第1期。该文使用的表述是“考底利耶主义”和“阿育王思想传统”。

③ Shyam Saran, *How India Sees the World: From Kautilya to 21st Century*, Juggernaut Books, 2017, p. 29.

为“不洁”，以素食为“洁净”而以吃肉为“不洁”。原则上说，印度教徒的种姓地位越高，对素食就越坚持。耆那教严格遵守不杀生的戒律，为此甚至不从事农业（可能误伤土中虫蚁），主要从事没有任何杀生风险的商业活动。作为虔诚印度教徒的甘地倡导“非暴力不合作”（Civil Disobedience），实际上是印度教不杀不害（Ahimsa）教义的政治转化形式。这种看似不可思议的政治斗争形式居然能为大多数印度人所接受，不能不说其宗教内核发挥了极大的作用。据说，印度第一次大一统的缔造者阿育王因征服羯陵伽（Kalinga）而杀戮过重，为此深感悔恨，最后决定皈依佛教并扶植佛教发展，不仅在全国各地树立阿育王柱，还派出僧团向外传播佛教。[①] 印度独立之后，采用鹿野苑发现的阿育王柱的柱头图案作为国徽图样，表明当代印度也非常乐于将阿育王作为代表性的文化符号。印度独立后长期推行不结盟政策，游走在两个超级大国之间，这一政策也得到在美苏之间难以抉择的很多第三世界国家的普遍欢迎和追随。中缅印三国联合倡导和平共处五项原则（Panchsheel，或 Five Principles of Peaceful Co-existance），得到亚非各国普遍欢迎，影响很大。这些都是“阿育王文化”的具体体现，也是印度乐于展示的一面。

然而，印度的战略文化还有另一种传统，即“憍底利耶文化”。这一传统强调国家的生存至关重要，主张为此可采取一切可能手段，包括暗杀、下毒、间谍、挑拨离间、随时背叛盟友、向强大的敌手妥协投降以蛰伏待机等，《政事论》甚至公然声称“弓箭手发射的箭只能杀一人甚或无力杀死一人，而智者的智谋却能杀死尚在腹中

① 林承节：《印度史》，人民出版社 2004 年版，第 37 页。

的胎儿”。[①] 观察历史可发现，传统的印度社会并不那么和平，“阿育王传统”似乎并未阻止各国相互攻伐。由于印度分裂的时间特别长，各国相互攻伐也特别常见且异常残酷。观察现实也可发现，印度在独立后的70年间四次卷入大规模对外战争，印巴之间的武力对峙持续了数十年（1999年卡吉尔冲突甚至被称为“半场战争”）；印度在斯里兰卡的“维和”行动引起斯反感，后者甚至威胁要在联合国控诉印度是侵略者；印度还在1961年武力驱逐了果阿的葡萄牙殖民势力，采取军事行动制止了海德拉巴土邦按“蒙巴顿方案”谋求独立的企图。[②] 简言之，现实之中的印度似乎并不介意在有利之时采用武力。以上两种传统理论上是互相矛盾的，但在实践中却往往相互补充，构成一个整体，所以印度资深外交官梅农早在1947年就指出“憍底利耶的现实主义有助于矫正我们在国际政治中的理想主义”。[③]

这里必须指出的是，即使上一段所举“阿育王文化”的例子也可发现很多自相矛盾之处：比如阿育王一方面宣扬法胜的观念，另一方面并不放弃以杀戮换来的羯陵伽国土，而佛教徒广泛宣传的“阿育王法”实际上融合了佛教和婆罗门教等各种观念，并非佛教一家独大。[④]“不结盟”政策的实质并非简单的拒绝结盟，而是不加入两大集团的任何一方，一则保持自主性，二则两头得利，三则争当

① R. Shamasastry, op. cit., p. 371. R. P. Kangle, op. cit., p. 453. 朱成明，前引资料，第411页。

② 林承节：《印度史》，人民出版社2004年版，第336页。

③ Rashed Uz Zaman, “Kautilya: The Indian Strategic Thinker and Indian Strategic Culture,” *Comparative Strategy*, Vol. 25, No. 3, 2006, p. 241.

④ 林承节：《印度史》，人民出版社2004年版，第39页。

不结盟国家领袖，借此成为两大集团之外的第三股势力。① 凡此种种，不一而足，都足以提示人们应全面认识印度外交行为的复杂性。

印度前外秘萨仁山从国际体系观的角度比较了“憍底利耶文化”和“阿育王文化”。他认为，《政事论》的视角是在多国体系中谋求霸权地位的国家，即尽力推翻现存秩序的修正主义国家。与此不同的是，阿育王之道的视角则类似于一个尽力维持现有秩序的霸权国，即维持现状国，而诉诸高尚原则往往是霸权国的策略。② 萨仁山此说可谓颇有见地，因为以原则、规则或法制等堂皇口号来压制潜在挑战国，的确是霸权国可优先考虑的低成本、低风险、高收益策略。

二、“曼荼罗”思想与印度历史上的分裂局面

从印度历史上的外交与战略实践来考察其与《政事论》的相互关系是第二个可取的视角。从这一角度观察可发现“憍底利耶文化”和印度历史的若干暗合之处，其中最突出的就是印度历史上的长期分裂局面。

印度历史一个非常突出的特征是分裂时间远多于统一时间。其实从地理角度来考察，这并不正常，甚至可以说非常令人费解。南亚地区的主体形如一个硕大的半岛，北部是高峻的喜马拉雅山、兴都库什山和青藏高原，东西两侧被孟加拉湾和阿拉伯海所环绕，南

---

① 陈继东：《当代印度对外关系研究》，四川出版集团巴蜀书社 2005 年版，第 28—31 页。

② Shyam Saran, *How India Sees the World: From Kautilya to 21st Century*, Juggernaut Books, 2017, p. 30.

部深入印度洋北部，与外界的联系主要是通过次大陆西北部的狭长平原和山间谷地。上述一面背山、三面临海的环境形成对外相对封闭的自然地理环境。

与此形成对照的是，南亚次大陆的内部地势平缓，以平原为主，山地不多，并不构成重大的交通障碍，甚至南部的德干高原内部也地形平缓，起伏不大，以至于印度至今仍是亚洲耕地面积最大的国家。① 更重要的是，南亚次大陆水道纵横，构成了便利的水上交通网络。现代印度共和国境内的天然河道与运河总长 19.5 万公里（讨论古印度的时候应大幅度扣除运河长度），② 最重要的大河有北方的印度河、恒河、朱木拿河，以及南方的戈达瓦里河、克里希纳河、高韦里河、纳玛达河等。恒河基本呈东西向横贯次大陆北方，印度河则大致呈南北向纵贯次大陆西北部，朱木拿河将喜马拉雅山区和恒河水道相互沟通。戈达瓦里河是南方第一大河，从次大陆南方西部的西高止山东流并最终注入孟加拉湾，几乎横贯印度半岛。更南方的克里希纳河也几乎横贯次大陆南部。在技术水平不高、陆地交通成本高昂的古代，水路交通一直是最重要、最便利、成本最低的交通方式。印度次大陆纵横交错的河网覆盖了整个次大陆，在区内交通方面可谓得天独厚。

显然，这种对外相对封闭、内部交通便利的自然地理条件，对构建统一的政治实体是极为有利的。更何况，印度虽然从古至今都在语言、民族等方面保持了强烈的多样性，但在宗教与文化领域则有很强的同质性。与上述有利因素形成对照的是，印度历史上的大

---

① 邓伟：《南亚地理——资源与环境》，四川科技出版社 2016 年版，第 165 页。

② *Water and Related Statistics 2015*, Central Water Commission, Ministry of Water Resources, Government of India, April 2015, p.3, http: //www. cwc. gov. in/main/downloads/Water%20&%20Related%20Statistics%202015. pdf.

统一屈指可数，主要是全盛期的孔雀王朝（不包括印度南方）、笈多王朝以及莫卧儿王朝。[①] 这种长期分裂格局从地理上、文化上都难以解释，很多研究者认为《政事论》影响之下的“憍底利耶传统”及其导致的政治实践应为此负责。

前文已述，《政事论》提出的“曼荼罗”或者说“列国圈”理论对国家间关系持有强烈的悲观看法。该书尽管包含了意图决定论、实力决定论和地理决定论三种观点，但地理决定论仍然居主导地位。在这种思路支配下，各国秉持我的邻国必然是对手，对手的邻国自然是朋友的惯性思维，始终无法相互信任，总是相互争斗不休。这种难以调和的冲突倾向极大地抵消了地理因素的凝聚力，是印度长期四分五裂、难以统一的一大原因。内部四分五裂本身已经是个很大的问题了，更严重的是，印度境内各分裂王朝甚至在外敌入侵的时候也不能相互团结，无法一致对外。[②] 印度频繁遭遇入侵，从德里苏丹国兴起之后的近 800 年更是一部入侵史，包括最后一个统一王朝莫卧儿王朝也是从次大陆西北部南下席卷南亚的。这些侵扰者一开始往往只是人数并不占优的小股武装部队，而印度本土各王朝则人多势众、声势颇高。但这些印度教小王国总是陷于严酷的内部冲突，人数虽然占优却无法团结对敌，对左邻右舍的危难坐视不理甚至落井下石，最后被对手各个击破，逐次沦亡。比如，1192 年古尔王朝的君主穆罕默德·古尔（Mohammad Ghauri）击败了对手普里特维·拉贾·乔罕（Prithvi Raj Chauhan）的抵抗，原因是后者的盟友即卡瑙季君主昌德（Jai Chand）中途退出战斗。此役成为在次大陆

---

① 林承节：《印度史》，人民出版社 2004 年版，第三、第五、第八章。

② Rashed Uz Zaman, “Kautilya: The Indian Strategic Thinker and Indian Strategic Culture,” *Comparative Strategy*, Vol. 25, No. 3, 2006, p. 242.

建立穆斯林统治的标志性事件。400年后的1527年，莫卧儿王朝开国之君巴布尔在汗瓦之役（Battle of Khanwa）战胜对手拉纳·桑伽（Rana Sanga），这与拉其普特君主希尔哈迪（Silhadi，又称 Raja Shiladitya）率6000部队阵前倒戈有直接关系。① 正是因为这一原因，甚至很多印度研究人员也痛切反思憍底利耶的思想遗产，认为这种僵化的思维定势导致各国相互敌对，无法合作对敌。②

三、"曼荼罗"思想与当代印度外交

《政事论》思想对当代印度的战略思维也有独特的影响，以下分别从国际观、周边观和外交观三个方面来简要分析。当代印度的国际观有一种"画圈子"的传统，实际上体现出一种深受"曼荼罗"国际观影响的思维方式。这种"圈层式"思维的例子有很多。2002年，印度外交部长亚什万特·辛哈在伦敦的国际问题研究所发表演讲，表示，"正如憍底利耶所谈论的列国圈一样，将印度对外政策视为围绕中轴的三个圈，这将有助于理解印度外交：第一圈是我们的近邻，第二圈是更宽广的世界，第三圈是全球问题"。③ 据印度学者戈萨尔（Baladas Ghoshal）观察，印尼将其外交政策与安全政策分为三个圈：第一圈是东盟，第二圈是东盟+3，第三圈包括美国之类的

① Satish Talwar, "The Enemy Within," *Journal of the United Service Institution of India*, Vol. 140, No. 578, 2009, pp. 508 – 512.

② Satish Talwar, "The Enemy Within," *Journal of the United Service Institution of India*, Vol. 140, No. 578, 2009.

③ Yashwant Sinha, "Future Directions of India's Foreign Policy," *Outlook*, 31 October 2002.

外部超级大国。① 还有研究人员借用“曼荼罗”理论来讨论海权问题，即以印度为中心，第一圈是最近的海权国即中国和巴基斯坦，然后是中间的东非、波斯、中亚和东南亚国家，外圈则是日本、俄罗斯和美国等。② 这种圈层化的思维方式与“曼荼罗”思想具有明显的相似之处，差异则在于其并不等同于某种明显的敌我分类。

有趣的是，当代印度的周边观也体现出《政事论》的影响。印方一些分析乐于根据《政事论》思维来看待邻国，认为根据憍底利耶模型，印度邻国必然会试图借助与更为强大的区内外邻国交往的策略来制衡印度，③ 又说“曼荼罗”理论说明邻国会不可避免地采取两面下注的策略。④ 在这种情绪的支配下，印度对被包围怀有一种特别强烈的恐惧与怀疑情绪。长期以来，印度一直怀疑中国有一个

---

① Jasmeet Kaur, “Indonesia’s Foreign and Security Policy,” February 9, 2009, http://www.ipcs.org/article/southeast-asia/indonesias-foreign-and-security-policy-2798.html.

② P. K. Gautam, *One Hundred Years of Kautilya’s Arthasastra*, Institute for Defence Studies and Analyses, July 2013, p. 101.《印度海上学说》和《印度海洋安全战略：保障海上安全》均根据其相对重要性将海上战略利益区划分为首要区和次要区。二者均认为，首要利益区对印度所认定的国家利益有重要影响，具体包括：印度沿岸地区及海区，如海岸线、岛屿、内海、领水、毗连区、专属经济区和大陆架；阿拉伯海、孟加拉湾、安达曼海及周边地域；波斯湾及沿岸区；进出印度洋的咽喉要道，包括六度海峡、八度/九度海峡、霍尔木兹海峡、曼德海峡、马六甲海峡、新加坡、巽他海峡、龙目海峡、莫桑比克海峡、好望角等地及周边沿海区；阿曼湾、亚丁湾、红海及周边沿海区；西南印度洋、包括印度洋岛国及非洲东海岸；其他覆盖印度海上交通线（SLOC）、关键能源与资源利益的区域。不难看出，上述区域可划分为三部分，即印度自身海区（领海、毗连区、专属经济区、大陆架），印度周边特别是中东方向的重要能源通道，以及印度洋各咽喉要道。与之相对的次要利益区则包括：东南印度洋、包括通往太平洋和附近沿海区域的海上通道；南海和东海、西太平洋以及沿海区；南印度洋地区，包括南极；地中海、非洲西海岸及沿海区；依据海外印度人、海外投资和政治关系方面的国家利益确定的其他区域。这些区域其实可分为两部分，第一是非印度洋区域特别是西太平洋，第二是印度洋内的次要区域。参见 Ensuring Secure Seas: Indian Maritime Security Strategy, pp. 67 – 68。

③ Shyam Saran, *How India Sees the World: From Kautilya to 21st Century*, Juggernaut Books, 2017, p. 39.

④ Shyam Saran, *How India Sees the World: From Kautilya to 21st Century*, Juggernaut Books, 2017, p. 64.

包围印度的“珍珠链”战略，认为中国正借助在南亚和印度洋地区建设基础设施来包围印度。印度怀疑的“珍珠”有很多，包括巴基斯坦的瓜达尔港、斯里兰卡的汉班托塔港、孟加拉国的吉大港、缅甸的科科群岛和实兑港，甚至涉及塞舌尔、马尔代夫、马达加斯加等地，总之都是印度周边或印度洋周边的港口或岛国。对于“一带一路”倡议，印度总的态度颇为消极：公开反对“中巴经济走廊”，名义上参与“孟中印缅经济走廊”建设但实质上态度消极，对“海上丝绸之路”不公开表态但行动上明里暗里予以抵制（包括抵制斯里兰卡与中国发展友好关系）。这些行为既可以用现实主义国际关系理论解释，也可用《政事论》推崇的“曼荼罗”思想来解释，即认定任何大国只要进入印度周边，就自动具备了潜在的敌对性；而如果远离印度周边，则不管或敌或友都危害有限。

研究印度外交观特别是其具体外交政策，也可发现其与“曼荼罗”思维的暗合之处。比如，印度独立以来与周边国家的关系长期紧张，特别是与中国和巴基斯坦这两个最大邻国的关系总是起伏不定，而与这两个邻国背后的国家则构建了密切关系。印度对邻国特别是实力相对较强的中国和巴基斯坦存在深切的疑虑，在战略上很不放心。这在很大程度并不是因为两国的具体政策，而是因为两国的地理位置和综合实力。如果说印度的对巴态度受到印巴分治的历史记忆和现实利益冲突的长期影响，那么印度的对华疑虑就主要是心态问题了，中印关系的曲折发展形象地说明了这种心态。

现代中印关系一度有较为光明的前景，印度是最早承认新中国的国家之一，中国领导人也相当重视中印关系。新中国总体上肯定印度在结束朝鲜战争与印支危机中的作用。第一次台海危机期间，中国多次通过印度传话给美国。[1] 20 世纪 50 年代，印度实际上充当了新中国与试图对其进行孤立的西方世界交往的一扇窗口。中国和西方都能接受印度扮演这一角色，印度也借此获得独特的国际地位，良好的中印关系令中印两国都受益良多。继续发展这一关系自然符合中印两国利益。然而，印方一系列措施恶化了中印关系，1962 年 10—11 月爆发了中印边界冲突，中印关系跌入谷底，两国的利益都受到损害，印度作为中国和西方之间交往窗口的特殊作用一去不返，在中西之间折冲樽俎的空间化为乌有，冲突期间要求西方紧急军事援助一事更是大大损害了印度不结盟领袖的形象。

后经过中印共同努力，两国关系逐渐改善，两国领导人在 1988 年和 1996 年互访，印方却不合时宜的以“中国威胁”为借口于 1998 年 5 月进行了 5 次核试验。印度总理瓦杰帕伊在致美国总统克林顿的信中写道：“我们有一个公开的核武国与我们接壤。这个国家 1962 年对印度发动了‘武装侵略’。我们同这个国家的关系最近 10 年来有所改善，但主要由于边界问题没有解决，一种不信任的气氛持续存在。这个国家还在物资上帮助我们的另一邻国成为秘密的核武国。”[2] 印度指责中国，实际上是以牺牲中印关系来换取世界各国尤其是美国承认其核国家地位。然而，西方并不认同此说，仍然按计划对印度实施了广泛制裁，中印关系也受到巨大伤害，跌入低谷。

与此相反的是，印度积极与中巴两国背后的阿富汗、俄罗斯（苏联）、日本、东南亚国家等发展了极为密切的关系。冷战时期发

---

① 戴超武：《敌对与危机的年代——1954—1958 年的中美关系》，社会科学文献出版社 2003 年版，第 131—132、157 页。

② “NUCLEAR ANXIETY; Indian’s Letter to Clinton on the Nuclear Testing,” *The New York Times*, May 13, 1998, www.nytimes.com/1998/05/13/world/nuclear-anxiety-indian-s-letter-to-clinton-on-the-nuclear-testing.html.

展起来的印苏（印俄）特殊关系本身就有针对中巴的考虑，印方研究也承认20世纪70年代初建立的印苏特殊关系和中美伙伴关系是憍底利耶"曼荼罗"国家间关系的教科书式案例。[①] 印度与阿富汗关系日渐密切更是具有强烈的对巴色彩。早在20世纪90年代初，兰德公司针对印度战略文化的研究就指出，"印度的整个阿富汗政策完全出于'敌人的敌人是朋友'这一原则"，当时的印度战略专家经常援引憍底利耶来为其支持任何在喀布尔掌权的反巴政权做辩护。[②] 到21世纪，这一模式似乎仍在继续。分析指出，印阿发展关系的主要动因除了获取走向能源丰富的中亚地区的通道之外，更在于"与巴基斯坦发生冲突时，阿富汗至少保持中立立场相当重要，可作为与巴抗衡的潜在因素"。[③] 在巴阿分歧中，印度积极支持阿方立场，而且不遗余力地提醒国际社会不要在2014年之后从阿富汗一走了之，要继续支持阿富汗政府抵御极端主义、发展经济、改善治理。印度还急迫地呼吁国际社会帮阿富汗解决四大赤字，即安全赤字、治理赤字、发展赤字和投资赤字。[④] 印度如此支持阿富汗并不是偶然的，因为阿方也不断批评巴放任武装分子渗入阿境内，甚至指

---

① Shyam Saran, *How India Sees the World: From Kautilya to 21st Century*, Juggernaut Books, 2017, p. 40.

② George K. Tanham, *Indian Strategic Thought: An Interpretive Essay*, RAND Corporation, 1992, pp. 34 – 35.

③ Jayshree Bajoria, "India-Afghanistan Relations," Council on Foreign Relations Websites, July 22, 2009, http://www.cfr.org/india/india-afghanistan-relations/p17474. Satish Chandra, "India's Options in Afghanistan," *Strategic Analysis*, Vol. 35, No. 1, January 2011, p. 2. 此外，国内关注印阿关系的发展动因方面的论文可参见：赵国军："印度对阿富汗的软实力战略"，《现代国际关系》2011年第1期，第28—36页；王世达："印度与阿富汗建立战略伙伴关系"，《国际资料信息》2011年第6期，第36—43页；时宏远："后塔利班时代印度在阿富汗的战略利益"，《贵州财经学院学报》2009年第3期，第26—31页。

④ "Address by EAM at International Afghanistan Conference in Bonn," Indian Ministry of External Affairs Official Website, December 5, 2011, http://www.mea.gov.in/mystart.php?id=100518681.

责巴豢养、利用塔利班从事反喀布尔活动。与此同时，印方也极为配合地在印阿互动的各种场合或明或暗地批评巴基斯坦干涉阿富汗。① 在美军越境击毙本·拉登且巴阿关系趋于紧张的 2011 年 5 月，印度总理曼莫汉·辛格访问阿富汗并宣布两国将建立战略伙伴关系。5 个月后，印阿顺利签署了《战略伙伴关系协议》。分析指出，（印阿战略关系）“使印度在印巴对抗中至少可得到阿富汗的中立”。②

印巴在阿富汗的角逐是明显的，甚至美军驻阿司令麦克里斯特尔也认为，“印度增加在阿富汗的影响力，有可能加重地区紧张局势，甚至可能刺激巴在印度或阿富汗采取对抗的行为”。③ 应该说，印度发展对阿关系在很大程度上着眼于包抄巴基斯坦。印方很多战略分析并不忌讳将印巴两国的对阿关系进行比较。有些论著公开表示，在印巴之中，只有印度才是阿富汗的真朋友，而巴基斯坦则是阿富汗的麻烦之源。对于卡尔扎伊将印度称为“伟大的朋友”，将巴基斯坦称为“兄弟”的说法，有印度专家解读为：朋友总是乐于相助，而兄弟有时会造成很大的伤害；巴基斯坦就恰恰处于独特的、足以伤害阿富汗利益的位置。④ 还有观点公开表示，印度要尽力保持阿富汗的主权和政治自主，防止阿富汗成为寻求战略纵深的巴基斯坦军方的附庸。⑤

---

① 此处“干涉”的所指并非以美军为首的国际安全援助部队（印度将其视为“国际社会”的维安行动），而是美阿印都反复指责的、来自巴阿边境的越境袭击。

② Jayshree Bajoria, “India-Afghanistan Relations,” Council on Foreign Relations Website, May 4, 2009, http://www.cfr.org/india/india-afghanistan-relations/p17474.

③ “Rising Indian Influence in Afghanistan Worries US and Pakistan,” Defence Forum of India, November 19, 2009, http://defenceforumindia.com/foreign-relations/560-indian-role-afghanistan-4.html.

④ Arvind Gupta, “Strategic Partnership with Afghanistan: India Showcases its Soft Power,” IDSA Comment, October 10, 2011, http://idsa.in/idsacomments/StrategicPartnershipwithAfghanistanIndiaShowcasesitsSoftPower_agupta_101011.

⑤ C. Raja Mohan, “Kabul Gameplan,” *Indian Express*, October 4, 2011.

近年来，印度与日本的关系发展迅速，与越南的关系进一步密切化，中国因素是一个重要考虑。积极插手亚太热点问题原本就是印度"东向"政策的自然延伸。印度与南海争端最重要当事国之一的越南的关系本就极为密切。两国签约在南海争端水域开采石油的行动一度引起中方不安，但印方分析称，中国的反对只能增加印度和东南亚国家的战略共同点。[①] 就在中国和菲律宾南海对峙的2012年5月，印度海军"什瓦利克"号和"喀木克"号曾短暂访问越南海防港。[②] 2012年，还有印度海岸警卫队的"萨姆拉特"号（CGS Smrat）12月2—6日访问胡志明市，"苏大西尼"号12月31日至次年1月3日访问越南岘港。菲律宾是印方另一频繁造访之地：在中菲因黄岩岛主权争端对峙的2012年5月，印度"拉纳"号和"萨克提"号战舰造访菲律宾苏比克湾，5月19—23日"拉纳"号和"萨克提"号来访，11月8—12日"萨姆拉特"号来访，另有"苏大西尼"号在12月1—24日访问菲律宾的宿务和马尼拉。[③]

以上对《政事论》思想与印度外交的相互关系做了极为简要的探讨。笔者深知上述讨论其实是远远不够的。然而，第四章第四节已简要指出直接运用《政事论》讨论印度外交的若干局限和不利之处，结论还会对此做进一步解释。与此同时，印度时任国家安全顾问梅农公开强调，直接套用《政事论》思想的研究，其结论不太会

---

① Mohit Anand and Sandeep Bhardwaj, "China Factor in India-ASEAN Relations," December 15, 2008, http://www.ipcs.org/article/china/china-factor-in-india-asean-relations-2752.html.

② 郭西山、葛元芬："印度推行'"东向政策"'军舰穿越南海为'彰显存在'"，《环球时报》2012年5月25日。

③ Indian Ministry of External Affairs, *Ministry of External Affairs Annual Report: 2012–13*, pp. 20, 22, 24.

与已有结论有大的差异。[①] 前外秘萨仁山则指出，在讨论当代问题的时候不能机械套用“曼荼罗”模型。[②] 考虑到相关研究的客观制约因素和当局者的郑重告诫，我们认为本章在相关讨论上保持克制是合理的。

① IANS, "Chanakya's Arthashastra Relevant to Understand Strategic Culture: Shivshankar Menon," *India Today*, October 9, 2013.

② Shyam Saran, *How India Sees the World: From Kautilya to 21st Century*, Juggernaut Books, 2017, p. 14.

结　论

在对《政事论》国际政治思想进行以上讨论之后，我们需要再次回到对《政事论》和憍底利耶的评价问题上。这一问题其实是充满了矛盾的。首先是口头上高度评价和实践中研究不足的矛盾。已有研究对《政事论》及其作者的历史地位和重要价值往往评价很高。《古代印度国家间关系》（*Inter-State Relations in Ancient India*）认为憍底利耶是伟大的政治家，其伟大之处在于他是那个时代印度政治学的最后总结者（Omega）而非开创者（Alpha），政治学在憍底利耶之后的印度再无大的进展，羯曼陀伽及其《政治精要》也只能算憍底利耶的缩水版。[①] 印军退役少将桑都（Gurcharn Singh Sandhu）高度称赞《政事论》，认为该书"对政府治理的研究全面、出色、逻辑性强。后来的作者只能接受其教诲，对某些部分加以评论而已"。[②] 更有甚者，《剑桥印度史》（第一卷）在《政事论》重见天

① T. B. Mukherjee, *Inter-State Relations in Ancient India*, Meenakshi Prakashan, 1977, p. 153.

② P. K. Gautam, "One Year of Arthasastra: Response, Pedagogy and Research," in Pradeep Kumar Gautam, Saurabh Mishra and Arvind Gupta (eds.), *Indigenous Historical Knowledge: Kautilya and His Vocabulary* (Vol. 2), Pentagon Press, 2016, pp. 116 – 117.

日不久的 1922 年就公开将其称为最宝贵的梵语文献。① 与以上高度评价形成对比的是，从政治、外交与国家安全的角度对《政事论》所做的实际研究迄今仍然是很不够的，不仅中文文献的研究不多，就是英语文献的研究也很不均衡：印度、英国和德国学者的研究相对较多，而美国学者的研究少很多；这两年印度学者的研究加强了很多，涉及的问题领域大幅增加（战略、情报分析、军队组织、外交政策、跨文化比较、当代关联等），但深度仍然不足；有分量的作品不多，很多成果浅尝辄止、相互雷同。由此不难看出，尽管《政事论》及其战略与外交思想得到高度的口头评价，但以频繁而深入的研究做出的评价和用语言做出的评价其实是很不对称的。

第二个矛盾之处在于将《政事论》称为现实主义文献是否合适。西方国际关系学界往往将《政事论》称为最早的现实主义文献，国际关系理论界颇负盛名的莫德尔斯基甚至将憍底利耶称为第一位现实主义者，认为《政事论》是最完善、最完整、思考最周全的关于"利"的梵语文献，但绝不仅是这一传统的最完整论述。② 博舍认为憍底利耶的活动时间比韩非子早，而写作内容的理论化程度和现实

---

① *Cambridge History of India* (Volume I), Cambridge University Press, Cambridge, 1922, p. 467. 转引自 Patrick Olivelle, "Economy, Ecology, and National Defence in Kautilya's Arthashastra," in Pradeep Kumar Gautam, Saurabh Mishra and Arvind Gupta (eds.), *Indigenous Historical Knowledge: Kautilya and His Vocabulary* (Vol. 3), Pentagon Press, 2016. 实事求是地说，受印度文化重宗教、轻现世的特质影响，现有的梵语文献多为宗教或哲学文献，政治文献数量的确不多。一个典型的例证是，尽管"利"（Artha）和"法"（Dharma）并列为人生四目的之列，但"法经"（Dharmasutra）和"法论"（Dharmashastra）都有很多部，而流传下来的"利论"（Arthashastra）则只有一部。《政事论》由此表现出极为独特的价值，其直言不讳的现实主义思路更令其受到重视。将其作为最重要的梵语政治文献之一应该是妥当的，超过这个限度就不合适了。

② George Modelski, "Kautilya: Foreign Policy and International System in the Ancient Hindu World," *The American Political Science Review*, Vol. 58, No. 3, September 1964, p. 549.

主义逻辑的彻底性都大大高于稍早的修昔底德，作为最早的现实主义者可谓实至名归。① 不过也有学者认为“现实主义”的标签矮化了憍底利耶，认为《政事论》兼顾“正法”与“利”或者说兼顾政治理想与现实，并不是一味追求权力而毫不顾及其他因素。

第三个矛盾之处是对憍底利耶思想道德性或者非道德性的评价。现有研究多将《政事论》视为非道德政治观的典范，认为就算是西方奉为政治现实主义思想鼻祖的修昔底德阅读《政事论》，也会对其中的非道德因素和赤裸裸的强权政治感到颤栗。② 套用马克思·韦伯的说法就是“真正的‘马基雅维里主义者’其实存在于古印度”。兰德公司相关研究的说法是憍底利耶在马基雅维里之前已对战略问题进行了愤世嫉俗且非道德化的论述。③ 另一批学者则有不同意见。一种较常见的辩护是，憍底利耶时代的十六雄国相互攻伐，成王败寇，斗争异常残酷，因此《政事论》不得不忽略伦理问题，专注政治现实。一种与此类似的说法认为，国际政治的残酷斗争是一种客观现实而不是任何个人主张的产物，憍底利耶不过是直面现实，并非在伦理问题上玩世不恭。以上说法其实并不否认《政事论》具有非道德性，只不过试图说明这是迫不得已的。还有观点认为，《政事论》关注民众福祉，为了终结战争，统一次大陆并恢复和平局面，极端手段也是不得已的选择。④ 这一看法颇有“以杀止杀”的意味，

① Roger Boesche, *The First Great Political Realist: Kautilya and his Arthashastra*, Lexington Books, 2002, pp. 4 – 5.

② Roger Boesche, *The First Great Political Realist: Kautilya and His Arthashastra*, Lexington Books, 2002, p. 5.

③ George K. Tanham, *Indian Strategic Thought: An Interpretive Essay*, RAND Corporation, 1992, p. 29.

④ Roger Boesche, *The First Great Political Realist: Kautilya and His Arthashastra*, Lanham: Lexington Books, 2002, pp. 52, 110.

但对憍底利耶心态的描述多少有揣测之嫌，而且仍然承认其具有非道德性。

另一种辩护强调应坚持整体思维，认为通读全文可发现《政事论》大量谈论了“正法”的概念，对这一问题其实是高度重视的。[①] 实事求是地说，《政事论》有很多地方确实涉及“正法”的问题，但要以此否定或大幅改变对《政事论》伦理问题的已有主流看法则是不可取的。原因在于，全书涉及“正法”的内容与印度的主流观点并无多大区别，创见不多且讨论的分量并不算重；但全书对各种非道德手段的论述乃至推崇却极为详细、相当极端，甚至颇多令人瞠目结舌之处。这里仅举一例。憍底利耶公开表示，为了除掉国内的权臣，君主可以派遣间谍离间权臣父子，诡称权臣之子实为王子（！），后者理应为父分忧，除掉权臣，事成后将立其为王储。当后者动手刺杀权臣并得手之时，君主应立即以弑父之罪将其捕杀，如此可收一石二鸟之功。与此类似地，君主还可唆使权臣兄弟将其杀害，同时以杀兄之名义将其除掉。[②] 这种权谋手段的确已达到令人瞠目结舌的程度。由此可见，如果抓住一个方面或某些片段而过度强调《政事论》中的“正法”观并完全否认其强烈的非道德性，实际上是陷入了另一种甚至更为严重的片面性。

第四个矛盾之处涉及“曼荼罗”思想的评价问题。传统看法多认为“曼荼罗”思想过度强调邻国的竞争乃至敌对关系，僵硬地推崇“邻国必为对手，对手的对手必为朋友”的公式，所以有印军将

① Pradeep Kumar Gautam, *Understanding Dharma and Artha in Statecrat through Kautilya's Arthashastrra*, Institute for Defence Studies and Analyses, No. 53, July 2016, pp. 11, 40, 51.

② R. Shamasastry, op. cit., pp. 245 - 246. R. P. Kangle, op. cit., pp. 292 - 294. 朱成明，前引资料，第 275—276 页。

领表示，憍底利耶的教诫造成一种僵化的思维定式，[①] 甚至有印军研究人员将“曼荼罗”理论和“鱼的法则”并称为“双恶”。[②] 不过也有研究人员对此予以辩驳，特别是近年来印度一些研究一再强调传统研究对“曼荼罗”的认识既不全面，也不公正，其依据主要是以下几条。首先，《政事论》的确对邻国关系持高度戒备心理，这不过是如实反映了政治世界的实际情况，并不是作者的个人偏好，没什么好批评的。其次，“曼荼罗”思想认为本国和其他国家之间有敌、友、中立、中间状态四种关系模式，常见的研究往往将其简化为敌友两种关系，其实是过度简化甚至扭曲了“曼荼罗”思想，从这种扭曲的看法得出的批评性意见自然不应由“曼荼罗”思想来承担。最后，“曼荼罗”思维认为邻国相互敌对是一种很可能成为现实的潜在趋势，这种趋势是否会变为现实取决于各种复杂因素的互动，因此谈不上《政事论》鼓吹邻国敌对论的问题。

应该承认，上述辩驳的确不无依据。比如本书此前已说明，“曼荼罗”思想对邻国关系实际上有地理决定论、实力决定论和意图决定论等三种观点。但需要注意的是，这三种观点虽然并行不悖，但在书中的分量却很不一样，将其等量齐观是不合适的。

需要指出的是，以上争论其实都涉及阅读理解《政事论》的方法论问题。很多研究均指出《政事论》实际上包含有各家思想（对其原因的解释则各不相同），在行文上的具体表现就是频繁罗列各种不同甚至相互矛盾的观点，有时候有所取舍，有时候则简单并列而

---

① Satish Talwar, “The Enemy Within,” *Journal of the United Service Institution of India*, Vol. 140, No. 578, 2009.

② P. K. Gautam, “One Year of Arthasastra: Response, Pedagogy and Research,” in Pradeep Kumar Gautam, Saurabh Mishra and Arvind Gupta (eds.), *Indigenous Historical Knowledge: Kautilya and His Vocabulary* (Vol. 2), Pentagon Press, 2016, pp. 116 – 117.

未做取舍。如果只抓只言片语，完全可从片面角度得出各种不同甚至相互冲突的结论。因此，研究《政事论》应采用整体思维，全面考察，才能得出较为全面的结论。同时要强调，在全面考察的时候，又必须综合考虑各种观点的语境、具体的讨论深度、作者的倾向性等因素，真正理解作者的论述重点，以免得出各打五十大板的简单化结论。这一方法在未来的研究工作之中应予以充分注意。

《政事论》的第五个矛盾之处是，其似乎没有固定的目标听众或者说服务对象。憍底利耶所提的政策建议有时似乎是针对一个统一大帝国，但大多数时候仍然是针对多国体系中的一员。他既建议强大国家要抓住有利时机进攻弱小国家，又建议弱小国家要服从大国，必要时不惜卑躬屈膝或派遣人质；既建议君主在必要时使用暗杀、投毒等手段，又建议君主防备暗杀、投毒等阴谋措施；既建议君主在对手国内制造矛盾，又建议君主要妥善防范对手的阴谋诡计。对这种矛盾之处有两种可行的解释。一种解释是，憍底利耶明白国家的盛衰起落是历史发展的常态即所谓花无百日红，所以并不假定胜国总是处于有利地位，反倒认为其很有可能落入虚弱而不利的危险格局，所以他也会对较弱者、战败者、处境不利者提出建议。另一种解释是，《政事论》的行文具有很强的理论化风格，偏爱抽象化、逻辑化的分析方式，对同一种现象往往详细罗列各种可能的具体情况分别加以讨论，书中建言对象飘忽不定的现象不过是这一文风的又一反映。应该说，这两种观点都是相当有道理的。

考虑到《政事论》研究具有丰富的学术价值和现实意义，以及中文世界对《政事论》研究的匮乏状态，今后进一步加强对《政事论》的研究是很有必要的。首先，中文学界亟需一部详实可靠的《政事论》中译本，为更深入的研究工作奠定基础。据笔者所知，朱成明作“《利论》译疏”以康格尔 1960 年梵文本为底本并参照多个梵语本与英译本，其译文考究，注释丰富，文献价值和学术价值突出，公开出版后必将对国内相关研究产生巨大推动作用；张淑兰及其团队的翻译基于另一版本，也可供对照参考之用。

其次，需要加强对《政事论》的综合研究。中文世界的已有研究主要是历史学界在做，他们将《政事论》视为有较大参考价值的历史文献，主要用于探讨两千年前的古印度的社会发展和阶级关系等，取得了一些有价值的成果。与此相比，从法学、政治学、国际关系、经济学、军事学等领域系统研究《政事论》的成果仍然少之又少。将来的研究似应进一步加强综合性，重点提升较为薄弱的从政治学、法学、国际关系学、外交学、军事学等领域切入的研究。在此基础上，不同学科、不同学派、不同观点的交流对话乃至相互争鸣应成为一种常态。当然，这些研究必须以更坚实的文本研究为基础，这就要求具备梵语文献阅读与研究能力的学者有效参与进来。这里仅举一例说明之。《政事论》中的若干概念有好几种译法，有的差异还很大：如 Asana 往往被国际政治研究者译为“中立”，但有研究认为更确切的理解是“威慑”；Yana 也有“进攻”“备战”甚至“强制外交与备战”等不同理解；① Sandhi 一般翻译为“媾和”，但译为“缓和”者亦有之；Sreni 在英语中有雇佣军、商队护卫等不同翻译，差异也不小。② 对以上概念的正确理解直接关系着研究能否有效开展，而这种正确理解没有梵语文献研究的有效参与，单靠其他

---

① Michael Liebig, “Kau Kau ṭilīilya's Arthasastra: A Classic Text of Statecraft and an Untapped Political Science Resource,” Department of Political Science of the South Asia Institute at the University of Heidelberg, *Working Paper*, No. 74, July 2014, p. 10. Rashed Uz Zaman, “Kautilya: The Indian Strategic Thinker and Indian Strategic Culture,” *Comparative Strategy*, Vol. 25, No. 3, 2006, p. 238.

② T. B. Mukherjee, *Inter-State Relations in Ancient India*, Meenakshi Prakashan, 1977, pp. 162 – 163, 192, 159.

学科的力量，是很难做到的。

再次，对印度传统国际政治思想的清理还需要扩大视野。具体而言，学界应对古印度的政治与外交文献进行系统梳理，要更充分地研究《政事论》等较为系统的政治学著作，还要全面清理两大史诗《摩诃婆罗多》和《罗摩衍那》、各种“法论”、各种“往事书”，以及其他政治著作中的政治与外交思想。一般认为印度传世文献的一大特点是世俗文献偏少，宗教文献更多。习惯于宗教世俗两分视角的近代社会科学往往将史诗、“往事书”等视为文学、哲学或者宗教文献，对其文学、哲学、美学乃至哲学思想的研究较为充分，但很少梳理其蕴含的丰富政治思想。然而，这种宗教世俗的两分法其实并非放诸四海而皆准，比如在印度就要重新考虑。古印度在传统上并不明确区分神圣与世俗，这两个领域虽有不同却总是相互交叉、相互交融。相应地，将“往世书”等完全视为宗教文献也是欠妥的。其实，学界的探索已经表明，这些所谓非政治文献实则蕴含了大量宝贵的政治思想。比如《古代印度国家间关系》就大量采用《梨俱吠陀》（*Rigveda*）、各种“梵书”（Brahmana）、《罗摩衍那》、《摩诃婆罗多》、各种“法论”、若干部“往事书”乃至佛教和耆那教文献来研究古印度的国家间关系，最后一章才集中研究《政事论》。[①] 以上文献大概只有最后一种能称为严格意义上的政治学文献，却并不妨碍该书做出颇有开拓性的研究。实际上，本书前文也多次提及《政事论》中的很多概念如国家七要素、战略四手段等都是若干文献的共有概念而非一家独创，理应相互参照。与此同时，其他文献对战争类型等内容的说法与《政事论》也是有同有异，比如《摩奴法论》（*Manu Dharmashastra*）之中的“两面政策”指表面上与一国保

① T. B. Mukherjee, *Inter-State Relations in Ancient India*, Meenakshi Prakashan, 1977.

持友好关系，暗地里对其实施打击，这样既避免了公开冲突，又实现了打击对手的目的。① 这与《政事论》对“两面政策”的界定有明显差异，对二者的区别与联系应认真清理，不应简单地混为一谈。由此可见，全面研究《政事论》及印度古典政治文献蕴含的政治与外交思想，既有必要也有可能。这也得到印方一些资深专家的认同，如萨仁山强调将来的研究不应仅仅局限于憍底利耶的治国之术，他认为阿育王之道对生态问题更为敏感，对当代世界的若干问题可能更为切合。② 印度学界也陆续出现对《政治精要》等文献当代价值的相关研究。③ 相对而言，中国学界在这一研究领域面临的挑战可能更严峻一些，要补的课也更多，理应奋起直追才能尽快达到较先进水平。

最后，需要加强《政事论》外交思想与印度历史和现实中外交实践的对照研究。随着印度历史的若干细节逐步廓清，印度分裂时代诸国的相互关系、统一时代的对外政策等都会越来越清楚，将其与《政事论》思想相互对照、相互检视的条件也会越来越成熟。与至今面貌不清的印度古代外交史不同的是，现代印度的外交政策要清楚很多，研究也不少，不过将其与《政事论》相互对照的研究迄今仍然不多。现在印度学界对《政事论》外交思想的兴趣已大大增强，将来推出一批更有分量的研究成果是可以期待的。饶有趣味的是，近年来印度外交界和战略界对《政事论》的评价逐步提高，印度国力发展迅速也促使其国内对《政事论》兴趣大增，现执政党印

---

① T. B. Mukherjee, *Inter-State Relations in Ancient India*, Meenakshi Prakashan, 1977, p. 182.

② Shyam Saran, *How India Sees the World: From Kautilya to 21st Century*, Juggernaut Books, 2017, p. 191.

③ Pradeep Kumar Gautam, *The Nitisara by Kamandaki: Continuity and Change from Kautilya's Arthashastra*, Institute for Defence Studies and Analyses, March 2019.

度人民党（BJP）及其背后的国民志愿服务团（RSS）更是印度教民族主义情结浓厚。考虑到这一背景，将来印度外交政策实践是否会更多地借鉴《政事论》思想，这种传统思想要素与当代外交与国际关系理论可能会如何结合，结合后又可能产生什么样的政策影响，这些都是很值得研究的。

自20世纪90年代初启动经济改革以来，印度综合国力加速发展，国际影响越来越大，印度国内外的研究人员都高度关注其未来走向。中国是印度最大邻国，两国都是亚洲地区有影响的大国，是“金砖”国家合作机制、上海合作组织的重要成员，相互影响很大。同时，中印关系也极为复杂而敏感，既有“中印人民是兄弟”（Hindi-Cheeni Bhai Bhai）的蜜月阶段，也有相互交恶并长期僵冷的不幸历史，直到现在仍处于机遇与挑战并存、合作与冲突交织的局面。由此可见，对印度的内外政策加强研究，必然是中国学者的一大长期关注焦点。这也意味着对《政事论》这一印度古典政治思想重要文献的研究将越来越表现出突出的理论与现实意义。相信在不久的将来，会有更多的研究者投入到这一工作之中，并取得丰硕成果。我们热切期盼这一天能早日到来。

参考文献

一、《政事论》英汉译本（按英文字母或中文拼音顺序排列）

1. R. Shamasastry（translated）, *Kautilya's Arthasastra*, Bottom of the Hill Publishing, 2010.

2. R. P. Kangle（translated）, *The Kauṭilīya Arthaśāstra*（3 Vols.）, Motilal Banarsidass Publishers, 8th Reprint: Delhi, 2014（Second Edition, Bombay University, 1969）.

3. 朱成明："《利论》译疏"，北京大学博士学位论文，2016 年（未出版）。

二、著作（按英文字母或中文拼音顺序排列）

1. George K. Tanham, *Indian Strategic Thought: An Interpretive Essay*, RAND Corporation, 1992.

2. Gurmeet Kanwal（ed.）, *The New Arthashastra: A Security Strate-*

gy for India, Harpers Collins Publishers India, Nov. 7, 2016.

3. Hans J. Morgenthau, *Politics Among Nations: The Struggle for Power and Peace* (7th Edition), Peking University Press, December 2004（《国际间政治：寻求权力与和平的斗争》第7版，北京大学出版社原版影印）。

4. James E. Dougherty, Robert L. Pfaltzgraff, Jr., *Contending Theories of International Relations: A Comprehensive Survey* (5th Edition), Peking University Press, September 2004（《争论中的国际关系理论》第5版，北京大学出版社原版影印）。

5. Jawaharlal Nehru, *The Discovery of India*, New Delhi: Oxford University Press, 1994.

6. McClish and Patrick Olivelle (translated and edited), *The Arthasastra: Selections from the Classic Indian Work on Statecraft*, Hackett Publishing Company, September 15, 2012.

7. Michael Liebig and Saurabh Mishra (eds.), *The Arthasastra in a Transcultural Perspective: Comaring Kautilya with Sun-Zi, Nizam al-Mulk, Barani and Machiavelli*, Pentagon Press, 2017.

8. P. K. Gautam, *One Hundred Years of Kautilya's Arthasastra*, Institute for Defence Studies and Analyses, July 2013.

9. P. K. Gautam, *Kautilya's Arthashastra Contemporary Issues and Comparison*, Institute for Defence Studies and Analyses, October 2015.

10. Peter Lassman and Bonald Speirs (eds.), *Weber Political Writings*, New York: Cambridge University Press, 2008.

11. Pradeep Kumar Gautam, *Understanding Dharma and Artha in Statecrat through Kautilya's Arthashastrra*, Institute for Defence Studies and Analyses, July 2016.

12. Pradeep Kumar Gautam, Saurabh Mishra and Arvind Gupta (eds.), *Indigenous Historical Knowledge: Kautilya and His Vocabulary* (Vol. 1), Pentagon Press, 2015.

13. Pradeep Kumar Gautam, Saurabh Mishra and Arvind Gupta (eds.), *Indigenous Historical Knowledge: Kautilya and His Vocabulary* (Vol. 2), Pentagon Press, 2016.

14. Pradeep Kumar Gautam, Saurabh Mishra and Arvind Gupta (eds.), *Indigenous Historical Knowledge: Kautilya and His Vocabulary* (Vol. 3), Pentagon Press, 2016.

15. Roger Boesche, *The First Great Political Realist: Kautilya and his Arthashastra*, Lexington Books, 2002.

16. Shyam Saran, *How India Sees the World: From Kautilya to 21st Century*, Juggernaut Books, 2017.

17. T. B. Mukherjee, *Inter-State Relations in Ancient India*, Meenakshi Prakashan, 1977.

18. A. L. 巴沙姆主编，闵光沛等译：《印度文化史》，商务印书馆 1997 年版。

19. 陈峰君主编：《印度社会述论》，中国社会科学出版社 1991 年版

20. 陈继东：《当代印度对外关系研究》，四川出版集团巴蜀书社 2005 年版。

21. D. D. 高善必著，王树英等译：《印度古代文化与文明史纲》，商务印书馆 1998 年版。

22. 大卫・A. 鲍德温主编，肖欢容译：《新现实主义和新自由主义》，浙江人民出版社 2001 年版。

23. 邓伟：《南亚地理——资源与环境》，四川科技出版社 2016

年版。

24. 宫玉振：《中国战略文化解析》，军事科学出版社 2002 年版。

25. 赫尔曼·库尔克、迪特玛尔·罗特蒙特著，王立新、周红江译：《印度史》，中国青年出版社 2008 年版。

26. 季羡林：《季羡林全集》第 13 卷，外语教学与研究出版社 2010 年版。

27. 劳特派特修订，王铁崖、陈体强译：《奥本海国际法》（上卷·第一分册），商务印书馆 1971 年版。

28. 肯尼思·沃尔兹著，胡少华、王红缨译：《国际政治理论》，中国人民公安大学出版社 1992 年版。

29. 林承节：《印度史》，人民出版社 2004 年版。

30. 刘欣如：《印度古代社会史》，中国社会科学出版社 1990 年版。

31. 尼科洛·马基雅维里著，潘汉典译：《君主论》，商务印书馆 1986 年版。

32. 倪世雄等：《当代西方国际关系理论》，复旦大学出版社 2001 年版。

33. 彭顺生：《影响西方近现代思想的巨人——马基雅里思想研究》，天津古籍出版社 1995 年版。

34. 秦亚青：《霸权体系与国际冲突：美国在国际武装冲突中的支持行为（1945—1988）》，上海人民出版社 2008 年版。

35. 邱永辉：《印度教概论》，社会科学文献出版社 2012 年版。

36. R. C. 马宗达等著，张澍霖等译：《高级印度史》（上册），商务印书馆 1986 年版。

37. 吴于廑、齐世荣主编：《世界史·古代史编》（上卷），高等教育出版社 1994 年版。

38. 薛克翘：《印度古代文化史》，中国大百科全书出版社 2016 年版。

39. 张保胜译：《薄伽梵歌》，中国社会科学出版社 1989 年版。

40. 张弛：《印度政治文化传统研究》，中国政法大学出版社 2014 年版。

41. 赵蔚文：《印中关系风云录（1949—1999）》，时事出版社 2000 年版。

42. 周一良、吴于廑主编：《世界通史》（上古卷）（本卷由齐思和主编），人民出版社 1973 年版。

43. 《中国大百科全书·世界地理》，中国大百科全书出版社 1992 年版。

三、论文（按英文字母或中文拼音顺序排列）

1. Amitav Acharya, "Dialogue and Discovery: In Search of International Relations Theories Beyond the West," *Millennium: Journal of International Studies*, Vol. 39, No. 3, 2011.

2. Anusmita Dutta and Manish S. Dabhade, "Diplomatic Theory of Kautilya and Sun Tzu: Assessing Interpretations," *International Studies*, Vol. 51, No. 1 – 4, January 2014.

3. Arvind Gupta, "Strategic Partnership with Afghanistan: India Showcases its Soft Power," IDSA Comment, October 10, 2011.

4. Benoy Kumar Sarkar, "Hindu Theory of International Relations," *The American Political Science Review*, Vol. 13, No. 3, 1919.

5. George Modelski, "Kautilya: Foreign Policy and International Sys-

tem in the Ancient Hindu World," *The American Political Science Review*, Vol. 58, No. 3, September 1964.

6. Giri Deshingkar, "Strategic Thinking of Kautilya and Sun Zi," *China Report*, Vol. 32, No. 1, February 1996.

7. K. N. Ramachandran, "Sun Zi and Kautilya: Towards a Comparative Analysis," Strategic Analysis, Vol. 38, No. 3, 2014.

8. Michael Liebig, "Kauṭilīilya's *Arthaśāstra*: A Classic Text of Statecraft and an Untapped Political Science Resource," Department of Political Science of the South Asia Institute at the University of Heidelberg, *Working Paper*, No. 74, July 2014.

9. N. Ramachandran, "Sun Zi and Kautilya: Towards a Comparative Analysis," *Strategic Analysis*, Vol. 38, No. 3, 2014.

10. Narasingha Sil, "*The Analect* and the *Arthaśāstra*: Kongzi of Zhou China and Kauṭilīilya of Maurya India Compared," *SAGE Open*, Vol. 7, No. 4, October 2017.

11. P. K. Gautam, "Overcoming the Ways of Matsya Nyaya," *Strategic Analysis*, No. 5, 2013.

12. Pinaki Bhattacharya, "Chanakya: An Empiricist as a Philosopher," *Strategic Analysis*, Vol. 38, No. 5, 2014.

13. Rashed Uz Zaman, "Kautilya: The Indian Strategic Thinker and Indian Strategic Culture," *Comparative Strategy*, Vol. 25, No. 3, 2006.

14. Roger Boesche, "Han feizi's Legalism versus Kautilya's Arthashastra," *Asian Philosophy*, No. 2, 2005.

15. Roger Boesche, "Kautilya's '*Arthashastra*' and the Legalism of Lord Shang," *Journal of Asian History*, Vol. 42, No. 1, 2008.

16. Roger Boesche, "Kautilya's *Arthasastra* on War and Diplomacy in

Ancient India," *The Journal of Military History*, January 2003.

17. Roger Boesche, "Moderate Machiavelli? Contrasting *The Prince* with the *Arthashastra* of Kautilya," *Critical Horizons*, No. 2, 2002.

18. Satish Talwar, "The Enemy Within," *Journal of the United Service Institution of India*, Vol. 140, No. 578, 2009.

19. Shounak Set, "Ancient Wisdom for the Modern World: Revisiting Kautilya and his *Arthashastra* in the Third Millennium," *Strategic Analysis*, Vol. 39, No. 6, 2015.

20. Yashwant Sinha, "Future Directions of India's Foreign Policy," *Outlook*, October 31, 2002.

21. 崔连仲："古代印度社会几个问题"，《世界历史》1985 年第 1 期。

22. 黄开国："中国古代人性论发展略论"，《甘肃社会科学》1992 年第 4 期。

23. 晋劼："《政事论》思想与策略"，《南亚研究》1986 年第 4 期。

24. 廖学盛："《政事论》描述的究竟是什么样的国家"，《史学理论研究》1993 年第 4 期。

25. 马啸原："论政治的道德化和道德的政治化"，《思想战线》1994 年第 3 期。

26. 时宏远："后塔利班时代印度在阿富汗的战略利益"，《贵州财经学院学报》2009 年第 3 期。

27. 宋德星："现实主义取向与道德尺度——论印度战略文化的二元特征"，《南亚研究》2008 年第 1 期。

28. 王世达："印度与阿富汗建立战略伙伴关系"，《国际资料信息》2011 年第 6 期。

29. 徐步华："非国家行为体的影响及其限度"，《理论月刊》2014 年第 5 期。

30. 姚剑文："思想史'减法'中的马基雅维里政治道德观'正名'辨"，《江海学刊》2004 年第 4 期。

31. 曾祥裕："略论印度外交成熟与不成熟的两重性"，《南亚研究季刊》2005 年 2 期。

32. 张金翠："《政事论》与印度外交战略的古典根源"，《外交评论》（外交学院学报）2013 年第 2 期。

33. 赵国军："印度对阿富汗的软实力战略"，《现代国际关系》2011 年第 1 期。

图书在版编目（CIP）数据

《政事论》国际政治思想研究/曾祥裕，魏楚雄著．—北京：时事出版社，2019.11

ISBN 978-7-5195-0351-2

Ⅰ.①政… Ⅱ.①曾…②魏… Ⅲ.①《政事论》—政治思想—研究 Ⅳ.①D735.109

中国版本图书馆 CIP 数据核字（2019）第 229005 号

出版发行：时事出版社

地　　址：北京市海淀区万寿寺甲 2 号

邮　　编：100081

发行热线：（010）88547590　88547591

读者服务部：（010）88547595

传　　真：（010）88547592

电子邮箱：shishichubanshe@sina.com

网　　址：www.shishishe.com

印　　刷：北京旺都印务有限公司

开本：787×1092　1/16　印张：11.5　字数：180 千字

2019 年 11 月第 1 版　2019 年 11 月第 1 次印刷

定价：78.00 元